HERBERT VOLLMANN

DER WELTENWANDERER

VERLAG DER STIFTUNG GRALSBOTSCHAFT
STUTTGART

Die Deutsche Bibliothek – CIP-Einheitsaufnahme

Vollmann, Herbert:
Der Weltenwanderer / Herbert Vollmann. – 1. Aufl. – Ditzingen : Verl. der Stiftung Gralsbotschaft, 1993
ISBN 3-87860-230-8

1. Auflage 1993.
Gestaltung: Berthold Gauder, Musberg
Satz: Typobauer, Scharnhausen
Druck und Bindung: Franz Spiegel Buch GmbH, Ulm
Printed in Germany

Inhaltsverzeichnis

Wer ist der Weltenwanderer? Niemand anders als der Menschengeist!

Er verläßt seine Heimat, das geistige Reich, auch Paradies genannt, als unbewußtes Geistsamenkorn und taucht zu seiner Entwicklung in die darunterliegende Welt der Stofflichkeiten. Nachdem er sich darin zum sichselbstbewußten Menschengeist entwickelt hat, ist es ihm möglich, in seine Heimat, das geistige Reich, als der »verlorene Sohn« zurückzukehren, um dort in frohem Schaffen ewig zu leben!

Auf seiner Wanderung durch das tiefe Tal der Stofflichkeiten braucht er allerdings zu seiner Orientierung verläßliche Wegweiser, damit er sich nicht verliert und womöglich in dunklen Strömungen untergeht.

In dem geistig aufzufassenden Gleichnis vom Sämann (Matth. 13,3-23) weist Jesus auf den Werdegang der Geistsamenkörner hin, wie ein

Teil des Samens verlorengeht und ein anderer Teil auf guten Boden fällt.
Die Wegweiser findet der Mensch in den Gesetzen der Schöpfung.
In den nun folgenden Aufsätzen werden verschiedene Schöpfungsgesetze erklärt. Sie sind ewig und unveränderlich, weil sie von dem Allerhöchsten, von Gott geschaffen wurden.
Daher geben sie dem Menschen auch heute noch den einzig sicheren Halt in der von ihm verdorbenen Welt, die er mit Katastrophen jeder Art angefüllt hat.
Das Befolgen dieser Gesetze, zu denen die Naturgesetze gehören, führt hinaus aus aller Unsicherheit, Ratlosigkeit und Mutlosigkeit, befreit von seelischer und irdischer Not.
Jedem, in welcher Lage und welchem Zweifel, Glauben oder Unglauben er sich zur Zeit befinden mag, ist es möglich, sich mit den Schöpfungsgesetzen zu befassen und daraus Nutzen zu ziehen für sein gegenwärtiges Erdenleben.
Es liegt allerdings in seinem freien Willen, es auch zu tun!

Vomperberg, im Mai 1993

Ausgleich zwischen Geben und Nehmen

Es gibt ein Gesetz, das ausschlaggebend ist für das Bestehen der ganzen Schöpfung: das Gesetz des notwendigen Ausgleichs zwischen Geben und Nehmen.

Alle Vorgänge in der Schöpfung unterliegen diesem Gesetz. Ob es nun das Kräftespiel der Himmelskörper oder das Gleichgewichtsempfinden des Erdenkörpers ist. Tagtäglich befolgen wir es, wenn auch zum größten Teil unbewußt, beim Aus- und Einatmen. Oder wir sind bemüht, irgend etwas »ins Gleichgewicht« zu bringen. Andererseits erleiden wir Schaden, wenn uns etwas »aus dem Gleichgewicht« bringt, im Großen wie im Kleinen, denn das Nichtbeachten dieses Gesetzes verursacht Stockungen und Störungen, bei anhaltender Mißachtung sogar Niedergang und Verfall. Denken wir nur an das Verhältnis zwischen Arbeit und Ruhe. Unnötige Übertreibung in der Arbeit schadet genauso wie ein bequemes

Leben, ein »Sich-zur-Ruhe-Setzen«. Beides bringt Krankheit und vorzeitigen Tod. Nur der richtige Wechsel darin wirkt ausgleichend.

Der dauernde Ausgleich zwischen Geben und Nehmen schafft gesunde Bewegung, die allein Aufbau und Erhaltung bringt und den Geist belebt und erfrischt. Wo sich Geben und Nehmen die Waage halten, ziehen Harmonie und Frieden ein.

Das Geben steht dabei an erster Stelle, denn erst das Geben bedingt das Nehmen, genauso wie wir erst durch richtiges Ausatmen etwas geben müssen, um durch das dadurch bewirkte tiefe Einatmen belebende Stoffe empfangen zu können.

Deshalb sagte auch Jesus: »Geben ist seliger denn nehmen« (Apg. 20,35). Wer selbstlos gibt, ob es nun irdische oder geistige Werte sind, gibt letzten Endes sich selbst am meisten, weil er die guten Früchte seiner guten Saaten vielfach empfangen darf!

Jedes Geben muß durch einen Gegenwert in irgendeiner Form ausgeglichen werden. Selbst ein mittelloser Mensch kann in diesem Sinne

einen Ausgleich schaffen durch einen freundlichen Blick, einen von Herzen kommenden Dank oder einen guten Rat.
Derselbe Sinn liegt in dem Ausspruch von Goethe: »Was du ererbt von deinen Vätern hast, erwirb es, um es zu besitzen« (Faust, I. Teil). In dem Erwerben kommt das Sichmühen, die Arbeit zum Ausdruck, die erst gegeben werden muß, um etwas in Empfang zu nehmen und zu besitzen.
Auch die doppelte Buchführung kann hier als Beispiel angeführt werden, deren Zweck nicht in den doppelten Buchungen im Soll und Haben liegt, sondern in der Kontrolle des Ausgleichs zwischen Leistung und Gegenleistung. Goethe schrieb über diese Buchführung in seinem Roman »Wilhelm Meisters Lehrjahre«: »Welche Vorteile gewährt die doppelte Buchführung dem Kaufmann. Es ist eine der schönsten Erfindungen des menschlichen Geistes, und ein jeder gute Haushalter sollte sie in seiner Wirtschaft einführen« (1. Buch, Kap. 10).
Doch der Mensch konnte sie nicht erfinden, sondern nur finden als eine schwache Wieder-

holung des seit Beginn in die Schöpfung verankerten Ausgleichungsprinzipes.
Dieses Prinzip gilt natürlich ebenso für die geistigen Vorgänge. Von der geistigen Kraft, die der Schöpfer dauernd zur Erhaltung und Erweiterung in seine Schöpfung gibt, lebt auch der Geist des Menschen. Er formt mit dieser Kraft seine Empfindungen, Gedanken und Taten. Der Gegenwert aber, den er seinem Schöpfer für die Benützung als Ausgleich schuldet, ist der Dank, freudiger Dank in der Tat, d.h. in der richtigen Verwendung dieser Kraft. So ist auch der Dank in den Beziehungen der Menschen untereinander ein wichtiger Ausgleichswert, wenn er mit innerem Empfinden und nicht oberflächlich gegeben wird.
Durch die einseitige Verwendung der geistigen Schöpfungskraft für Niedriges im Laufe von Jahrtausenden verlor der Menschengeist auf allen Gebieten des Lebens das Gleichgewicht. Er nahm und nahm von den reichen Gaben der Schöpfung, formte aus dem Genommenen fast nur noch Falsches und Übles und verlernte dabei das Geben.

Überrascht es uns da, wenn nun die ausgleichende Gerechtigkeit Gottes das Gleichgewicht wiederherstellt? Die immer ungestümer werdenden Geschehnisse auf der ganzen Erde sprechen doch eine deutliche Sprache.
Den steten Ausgleich zwischen Geben und Nehmen auf allen Gebieten des Erdenlebens streng und gerecht durchzuführen, ist eine große zukünftige Aufgabe der Erdenmenschen, die dann durch eingehende Kenntnis der Schöpfungsgesetze dazu in der Lage sein werden.
So wird das Gesetz des Ausgleichs zwischen Geben und Nehmen auch einst die Grundlage für eine wirkliche Völkerverständigung bilden. Es ist die Zeit, in der die Völker *neben*einanderstehend sich gegenseitig achten, helfen und fördern, in der Erkenntnis, daß jedes lebensfähige Volk, jede gesunde Rasse etwas besitzt, was unbedingt zur Vollendung des Ganzen gehört und was andere Völker und Rassen nicht haben. Es sind die irdischen und geistigen Werte, die das »Volksvermögen« ausmachen.

Zu den geistigen Werten gehören zum Beispiel die Fähigkeiten, die Begabungen, die Art und Stärke der Verbindung mit der Schöpfungskraft und ihre Verwendung; zu den irdischen Werten die Arbeitskraft, die sichtbaren und unsichtbaren Naturschätze wie die Kräfte des Wassers, des Feuers, der Luft, die Schätze der Erde, aber auch die Schönheit der Landschaften.

Alle diese Werte verpflichten zum Austausch. Kein Volk kann gerade die ihm vom Schöpfer anvertrauten Gaben und Schätze den anderen Völkern, die diese zur eigenen Ergänzung nötig haben, vorenthalten, ohne selbst Schaden zu nehmen. Denn ein Volk, das solche Werte nicht dauernd weitergibt, unterbindet dadurch den lebensnotwendigen Austausch. Doch soll der Austausch so durchgeführt werden, daß kein Volk das andere ausnützt. Immer müssen sich Geben und Nehmen die Waage halten.

Lohn und Strafe in den Schöpfungsgesetzen

Drei Grundgesetze der Schöpfung sind dafür von besonderer Bedeutung: das Gesetz der Schwere, das Gesetz der Anziehungskraft gleicher Arten und das Gesetz der Wechselwirkung. Wie alle Gesetze der Schöpfung sind auch die drei genannten Gesetze in allen sichtbaren und unsichtbaren Teilen oder Ebenen der Schöpfung einheitlich. Verschieden ist in den einzelnen Schöpfungsebenen nur die Form der Auswirkung.

Die Auswirkung des *Gesetzes der Schwere* sehen wir im Irdischen, wenn wir zum Beispiel ein Stück Eisen und ein Stück Kork ins Wasser legen. Das Eisen sinkt sofort infolge seiner Schwere, der Kork bleibt auf der Oberfläche. Drücken wir den Kork auf den Grund des Wassers und lassen ihn los, steigt er hoch. Genauso ist der Vorgang in der uns nicht sichtbaren Welt, wenn zum Beispiel der Mensch seinen Erdenkörper abgelegt hat. Der von dem Erdenkörper losgelöste feinstoffliche Körper sinkt, wenn wir ihn durch Hang zum Niederen schwer gemacht haben, an die Stelle im Jenseits, welche die gleiche Schwere hat. Dort findet er auch seine gleiche Art, denn gleiche Schwere bedingt gleiche Art. Oder der feinstoffliche Körper schwebt empor wie ein Kork in lichtere Gefilde, wenn wir ihn durch Streben nach Höherem und Reinerem leichter gemacht haben.

Das *Gesetz der Anziehung der Gleichart* finden wir in dem volkstümlichen Ausspruch »Gleich und gleich gesellt sich gern« treffend ausgedrückt. Tagtäglich erleben wir es, wenn sich Gleichgesinnte zu irgendeinem Zweck zusammenschließen, so wie es auch mitwirkt bei den großen Zusammenschlüssen der Kasten, Stände, Klassen und Parteien. Unter seinem Einfluß schließen sich aber auch gleichgeartete Gedanken zusammen und werden dadurch stärker in ihrer Auswirkung.

Schließlich bestehen auch das Eisen und der Kork, wie alle Materie, aus jeweils gleichen Einzelteilchen (Molekülen), die sich unter der

Einwirkung des Gesetzes der Anziehung gleicher Arten zusammengefügt haben.

Das in der Schöpfung tätige *Gesetz der Wechselwirkung* entspricht genau den Bibelworten »Was der Mensch säet, das wird er ernten« (Gal. 6,7). Das gilt nicht nur für den Samen, den wir in die Erde legen. Auch unsere Empfindungen, Gedanken und Taten sind eine Saat, deren Ernte eines Tages für uns da ist, und zwar wie bei der irdischen Ernte in vielfachem Maße! Sie sind die Werke, die uns beim Tode nachfolgen, die wir mit hinübernehmen in das Jenseits.

Immer stehen wir mitten in der vielfachen Ernte unserer guten und schlechten Saaten, eben in der Auswirkung des Gesetzes der Wechselwirkung. Es wechselt bei diesem Gesetz die Wirkung. Zuerst ist sie von dem Menschen in die Schöpfung hinausgehend und dann wechselt sie um in eine auf ihn zurückkommende Wirkung.

Hat der Mensch durch übles Wollen Unrecht getan und dadurch eine Schuld auf sich geladen, so muß er eines Tages mit einer erhöhten üblen Rückwirkung rechnen. Erhöht deshalb, weil das üble Wollen unterwegs durch die Anziehung der Gleichart verstärkt worden ist. Dieses Stärkerwerden durch Zusammenschluß kommt in dem Bibelwort »Sie säen Wind und werden Ungewitter ernten« (Hos. 8,7) zum Ausdruck. Bei rechter Einsicht bringt ihm die Rückwirkung die Ablösung, das heißt die Lösung vom Übel, womit die Schuld gesühnt ist. Andernfalls kann die Rückwirkung zu weiterem üblen Tun Nahrung geben. Es gibt auch noch die Möglichkeit, eine Schuld vorzeitig abzulösen, wenn sich der Mensch schon vor dem Einsetzen der Rückwirkung ernsthaft dem Guten zugewendet hat. Das rückströmende dunkle Schicksal wird dann durch die lichter gewordene Umgebung des Menschen so abgeschwächt, daß es sich im Irdischen nur noch symbolisch auslöst. Diese vorzeitige Ablösung einer Schuld ist eine der Gnaden Gottes, die in seinen Gesetzen mit verwoben sind.

So bewirken die drei Grundgesetze der Schöpfung sowohl den Lohn als auch die Strafe für den Menschen, und es ist jetzt auch zu verstehen, was die alttestamentarischen Worte »Die Rache ist mein; ich will vergelten« (5. Mos. 32,35) und »Auge um Auge, Zahn um Zahn« (5. Mos. 19,21), die bisher in ihrem tieferen Sinn nie verstanden worden sind, wirklich bedeuten.

Sie sind ein Ausdruck göttlicher Gerechtigkeit. Die »Rache« und die »Vergeltung« sind nichts anderes als die Rückwirkung der guten oder üblen Taten eines Menschen, die sich genau und gerecht nach den Schöpfungsgesetzen »Auge um Auge und Zahn um Zahn« vollzieht. In den Worten »Auge um Auge, Zahn um Zahn« kommt die gleiche Art der Wirkung und Rückwirkung, der Saat und der Ernte zum Ausdruck. Also Art um Art oder Leid um Leid, Freude um Freude. Wie aus Weizenkörnern immer nur Weizen wächst, so wird auch übles Wollen nur Übles bringen und gutes Wollen nur Gutes.

Diese Bibelworte sind also nicht irdisch zu verstehen, sondern im geistigen Sinne. Die »Rache« und die »Vergeltung« muß der

Mensch den Gesetzen Gottes überlassen. Er darf sie nicht selbst ausüben, etwa aus persönlicher Rachsucht, dadurch, daß er dem Übeltäter auch ein Auge ausschlägt, wenn dieser es bei ihm getan hat. Denn es heißt ausdrücklich: »*Mein* ist die Rache, *ich* will vergelten!« Und diese »Rache« und »Vergeltung« ist bis ins kleinste gerecht, so gerecht, wie es der Mensch nie sein könnte.

So sind auch die Worte des Paulus an die Römer zu verstehen: »Rächet euch selber nicht, meine Liebsten, sondern gebet Raum dem Zorn (Wechselwirkung) Gottes; denn es steht geschrieben: »Die Rache ist mein; ich will vergelten, spricht der Herr!« (Römer 12,19).

Was aber löst nun die Wirkung der für den Menschen so wichtigen Schöpfungsgesetze aus? Was setzt sie einem unsichtbaren Hebel gleich in Bewegung? Die Tätigkeit des Geistes, des eigentlichen Menschen, der seine Heimat im geistigen Reiche, im »Paradies« hat. Diese Tätigkeit ruft etwas hervor, das jedem bekannt ist: die Empfindung!

Zur richtigen Ausübung seiner geistigen Tätigkeit braucht der Mensch aber noch etwas sehr Wesentliches, um bestimmen zu können, was er tun will: den freien Willen!

Der freie Wille! Ein vielumstrittener Begriff! Und wie ist er zu erklären?

Zum Geist des Menschen gehört als Teil seiner geistigen Art die Fähigkeit der Anziehung. Das bedeutet, daß er alles anziehen würde, was es gibt, wenn ihm nicht als anderer Teil seiner Art ein Gegengewicht mitgegeben worden wäre: der freie Wille des Entschlusses. Er kann

also nur das anziehen, was er wirklich will. In dieser Entschlußfähigkeit liegt auch gleichzeitig seine Verantwortung, einerlei, wie er den freien Entschluß ausübt, ob im Denken, Tun, in der Wahl, in der Zustimmung oder im Gehorchen. Doch ist nur der Entschluß frei, nicht mehr die Folgen des Entschlusses! Ihnen ist der Mensch bedingungslos unterworfen. Sie treffen ihn durch das Gesetz der Wechselwirkung (Gesetz vom Säen und Ernten) in der gleichen Art, wie der Entschluß gewesen ist.
Es ist so wie mit dem Stein in der Hand. Der Entschluß, den Stein zu werfen, ist frei. Wird er geworfen, sind die Folgen, sei es eine Sach- oder Körperbeschädigung, von demjenigen zu verantworten, der es getan hat.

Die Menschwerdung auf Erden

Das Kommen des Menschengeistes in die irdische Welt, also die Menschwerdung, umfaßt drei Vorgänge; zwei davon kennen wir: die Zeugung und die Geburt. Aber das genügt noch nicht, da ein dritter Vorgang notwendig ist, um auf diese Erde geboren zu werden: die Inkarnation. Sie ist der Eintritt der Seele – das ist der Menschengeist mit seinen feineren Hüllen – in den werdenden Kindeskörper. Dieser Eintritt geht um die Mitte der Schwangerschaft bei einer bestimmten Reife vor sich. Um diese Zeit empfindet die Mutter die Nähe des zweiten Geistes, und die ersten Kindesbewegungen machen sich bemerkbar.

Bisher herrschte vielfach die Auffassung, die Seele des Menschen entstehe gleichzeitig mit der Zeugung oder sie bilde sich im Mutterleib. Auch die Ansicht, die Inkarnation erfolge erst im letzten Stadium der Geburt, wird geäußert. Wesentlich bei der Inkarnation ist die »Wahl«

der Eltern durch den inkarnierenden Menschengeist. Hier ist in normalen Fällen das Gesetz der Anziehung der gleichen Art führend. Die Gleichart kann in Vorzügen, aber auch in Fehlern und Schwächen liegen, was besonders zu beachten ist. Dadurch sind später starke Spannungen zwischen Eltern und Kindern möglich.

Das Generationsproblem, das große Mißverstehen zwischen jung und alt in der heutigen Zeit, läßt sich in vielen Fällen besser beurteilen, wenn die Anziehung der Gleichart bei Inkarnationen und im täglichen Leben mit berücksichtigt wird.

Das Sprichwort »Der Apfel fällt nicht weit vom Stamm« gibt die Anziehung der gleichen Art zwischen Eltern und Kindern sehr gut wieder, weil es deutlich zum Ausdruck bringt: Die Kinder arten den Eltern nach!

Außer Vater und Mutter kommen für die Anziehung der Gleichart auch Personen in Frage, die sich viel in der Nähe der werdenden Mutter aufhalten. Deshalb ist es nicht gleichgültig, wen die Mutter in dieser Zeit um sich duldet.

So können bei guten Eltern schlechte Seelen zur Inkarnierung kommen, wie umgekehrt bei schlechten Eltern lichtere Seelen imstande sind zu inkarnieren. In beiden Fällen sind es nicht die Eltern, welche die Anziehung bewirken, sondern es ist irgendeine Person in der Umgebung der Eltern.

Auf diese Weise ist es möglich, daß ein sogenanntes »schwarzes Schaf« in eine gute Familie kommt. Durch Unachtsamkeit in bezug auf die Umgebung der werdenden Mutter wurde eine falsche Inkarnation zugelassen, die viel Kummer und Sorgen bereiten kann. Zu einem Kind, das nicht von der Art der Eltern angezogen worden ist, paßt dann die Redensart: »Es ist aus der Art geschlagen«.

Auch schicksalhafte Bindungen vermögen entscheidend bei einer Inkarnation mitzuwirken. Das läßt sich allerdings nicht so leicht feststellen, weil uns aus guten Gründen in den meisten Fällen die Rückerinnerung an frühere Erdenleben verschlossen bleibt.

Hier vermag uns nur das Empfinden oder Ahnen, daß in vergangenen Zeiten schon einmal eine Verbindung bestanden haben muß, einen Hinweis zu geben, ohne daß wir weiter darüber grübeln sollten.

Auf jeden Fall braucht sich kein Mensch irgendwelche Vorwürfe zu machen, in der Wahl seiner Eltern unvorsichtig gewesen zu sein. Alles gesellt sich nach den Gesetzen der Schöpfung so zueinander, daß ihm keine Ungerechtigkeit widerfährt. Jeder erhält durch die Geburt den Platz, den er verdient, das heißt der ihm durch sein gutes oder übles Karma, das er sich in früheren Erdenleben selbstverantwortlich formte, bestimmt ist.

In diesem gesetzmäßigen Geschehen ist zu erkennen, warum es keine geistige Vererbung gibt. Was als solche erscheint, ist in Wirklichkeit eine Folge des Gesetzes der Anziehung der Gleichart, von dem der Volksmund treffend sagt: »Gleich und gleich gesellt sich gern« oder »Art läßt nicht von Art«. Das wirkt sich im irdischen Leben überall und zu jeder Zeit aus und gilt auch bei Inkarnationen.

Die Eltern geben ihren Kindern, wie das oft angenommen wird, nichts von ihrem Geiste mit, sondern lediglich körperliche Vererbungsmerkmale, zu denen übrigens auch das Temperament gehört, das teilweise erblich ist, weil es mit der Blutausstrahlung des irdischen Körpers zusammenhängt (leichtes Blut, schweres Blut usw.). Der Menschengeist aber ist unteilbar, eine für sich abgeschlossene Persönlichkeit mit seinen mehr oder weniger gereiften Fähigkeiten und den Eigenschaften, die er sich im Laufe seiner Erdenleben erworben hat und die seine Wesensart mitbestimmen. Nun bleibt es aber nicht nur bei einer Inkarnation, sondern es sind viele Reinkarnationen (Wiederverkörperungen), also wiederholte Erdenleben, zum Wachsen und Reifen des Menschengeistes erforderlich, bis er endgültig in lichte Gefilde einzugehen fähig ist.

Das ist jedenfalls der ursprüngliche Zweck der Wiederverkörperungen. Wenn dabei die Fehler vergangener Erdenleben wiedergutgemacht werden dürfen, so ist das eine weitere Gnade Gottes, die den Menschen mit den wiederholten Erdenleben geschenkt wird.

Die Wiederverkörperung in Menschenkörpern, die im Westen oft als Einbruch östlichen Gedankengutes bezeichnet wird, ist ein gesetzmäßiges Schöpfungsgeschehen, das auf der ganzen Erde tagtäglich vor sich geht. Nur wurde dieses Wissen vielen Menschen vorenthalten, die ihr Leben auf der Erde und im Jenseits mit diesem Wissen inhaltsreicher und sinnvoller hätten gestalten können.

Heute zur Zeit der Weltenwende gehört auch dieses Wissen zu dem Lehrstoff, der in der »Lebensschule« nachgeholt werden muß. Der Aufenthalt des Menschengeistes auf der Erde, der durch die Menschwerdung ermöglicht wird, ist nur ein kleiner, aber sehr einschneidender Teil seiner großen Wanderung durch die Welt der Nachschöpfung, die vom Paradies ausgeht und dorthin zurückführt.

Nur vorübergehend erhält er auf dieser Wanderung eine irdische Hülle, den Erdenkörper, der die notwendige geistige Entwicklung unterstützt, deren Ziel das Sichselbstbewußtsein ist, das der Menschengeist braucht, um zuletzt in das Paradies als vollbewußte Persönlichkeit zurückkehren zu können.

Dadurch wird der Erdenkörper zu einem wichtigen Werkzeug, das sorgfältig gepflegt werden muß als ein vom Schöpfer anvertrautes Gut, für das der Mensch voll verantwortlich ist und das er weder durch Selbstmord wegwerfen noch mutwillig schädigen oder untauglich machen darf.

Von diesem Standpunkt aus muß die Menschwerdung auf Erden betrachtet werden, um sie richtig einzuordnen in den gesamten Entwicklungsprozeß des Menschengeistes.

»Dein Schicksal ruht in Deiner eignen Brust«

Wie oft bereitet uns das eigene oder das Schicksal anderer Kopfzerbrechen und Rätselraten. Wie mancher Mensch, von dem wir wissen, daß er nur das Gute will, wird schwer von Sorgen und Nöten bedrückt. Wie manches Kind kommt mit einem körperlichen Gebrechen, einer erblichen Krankheit oder mit charakterlichen Mängeln auf die Erde, ist also mit einem Schicksal belastet, für das es in diesem Erdenleben bestimmt noch keine Veranlassung gab. Solche Beispiele gibt es viele, wo Menschen das Los zu erdulden haben, daß ihnen trotz ihres besten Wollens, trotz der Lauterkeit ihres Strebens und der Sauberkeit ihres Verhaltens vom Baum des Schicksals mehr bittere als süße Früchte auf den Weg ihres Lebens fallen.
Hier drängt sich die Frage auf: Wo ist die Ursache dafür zu suchen, wenn es nur ein einziges Erdenleben geben soll? In den wenigsten sol-

cher Fälle lassen sich Ursache, Rückwirkung und das Erkennen dieser Rückwirkung auf ein Erdenleben zusammendrängen. Denn wo ist der Erdenmensch, der sich durch Verstöße gegen die Schöpfungsgesetze ein übles Schicksal oder Karma zuzieht und der es im gleichen Erdenleben auch vollständig wieder zu lösen vermag? Das setzt eine durchgreifende innere Wandlung des Menschen voraus, die bei der schon lange bestehenden Geistesträgheit nur noch äußerst selten vorkommt.

Wie anders dagegen löst sich die Frage, wenn man weiß, daß eine Menschenseele durch die große Gnade des Schöpfers wiederkommen darf, um in einem weiteren Erdenleben die Gelegenheit zu erhalten, ihre Schuld zu tilgen. Sie müßte sonst dauernd an ihrem ungelösten Schicksal kranken und zuletzt geistig daran zugrundegehen, falls sie keine Möglichkeit hätte, es dort zu lösen, wo sie es in die Welt gesetzt hat, nämlich auf Erden. Nach dem Gesetz des Kreislaufes muß der Ring eines Geschehens sich dort schließen, wo er begonnen worden ist. So muß eine sichtbare üble Tat auf der Erde auch hier gelöst werden, wozu die Menschenseele in den meisten Fällen wieder auf Erden geboren werden muß.

Doch das Lösen von vergangenen Verfehlungen ist nicht der alleinige und ursprüngliche Zweck der Wiedergeburt. Es soll vielmehr der Geistkeim des Menschen, welcher zuerst unbewußt ist, durch mehrmaliges Erdensein die Erfahrungen im Erleben sammeln, die er zur Entwicklung und Reife braucht, bis er als sichselbstbewußter Geist in die geistige Heimat, in das Paradies emporsteigen kann.

Der Mensch jedoch hat diese durch das Schöpfungsgesetz für ihn vorgesehene Entwicklung mißachtet, indem er eigenmächtig falsche Wege einschlug. Dadurch kommt es, daß heute fast jeder nur noch mit seinem üblen Schicksal zu tun hat.

Das Schicksal ist dem Gesetz der Wechselwirkung oder Rückwirkung unterworfen, das so einfach und so treffend in den Worten der Bibel zum Ausdruck kommt: »Was der Mensch säet, das wird er ernten« (Gal. 6,7).

Er wird sogar vielfach ernten! Das gilt nicht

nur im Naturgeschehen, sondern ebenso auch für das Tun und Denken des Menschen; denn er macht als Geschöpf keine Ausnahme davon.

Er ist, geistig gesehen, ein Sämann, der seine schicksalhafte Saat ausstreut. Sie reift unter dem Wirken der unbestechlichen Schöpfungsgesetze zur Frucht heran, die genau seinem Wollen entspricht und die er allein genießen muß. Die Schuld, welche er beging, kann nur er auf sich nehmen und nur er allein sühnen, kein anderer kann dies für ihn tun. Auch nicht Jesus, der Gottessohn. Es heißt nicht umsonst: »Was der Mensch säet, das wird er ernten« – er, der Mensch selbst!

So kommen wir bei Übertragung der Gesetzmäßigkeit von Saat und Ernte auf den Ablauf des menschlichen Lebens zu ganz anderen Ergebnissen, die der Wirklichkeit und Wahrheit jedenfalls weitaus mehr entsprechen als die allgemein vorherrschenden und verbreiteten Menschenansichten. Dadurch vermögen wir zu erkennen, daß der Mensch in keiner Weise einem von fremder Seite vorbestimmten

Schicksal unterworfen ist, und daß er auch keineswegs ohnmächtig einem vorbestimmten Schicksal gegenübersteht, wie dies die Fatalisten behaupten.
Erstens liegt die »Vorbestimmung« immer in seiner eigenen Hand, zweitens ist er seinem Schicksal gegenüber nicht ohnmächtig. Denn genauso, wie er seinen freien Willen zu üblem Tun betätigen kann, ist er auch jeden Augenblick in der Lage, aus freien Stücken seinem falschen Streben ein Ende zu setzen, indem er sich einfach ernsthaft bemüht, nur Gutes zu denken und zu tun. Dadurch vermag er die Rückwirkung dunkler Schicksalsfäden, die ihn irgendwo und irgendwann einmal treffen muß, abzuschwächen. Er kann durch anhaltend gutes Wollen die Rückwirkung sogar unwirksam machen, was einer sinnbildlichen (symbolischen) Ablösung gleichkommt. Dagegen ist es unmöglich, die Rückwirkung einer vorhandenen Schuld durch irgendeine auferlegte Buße zu mildern oder aufzuheben!
Somit bedeutet Schicksal das Gute und das Böse, welches der Mensch aus freiem Wollen

in seiner Seele erstehen läßt und das er dann in die Welt hinaus »schickt«. Eines Tages kommt das »Geschickte« unabwendbar zu ihm zurück, und er wird in der Wechselwirkung dann vom Schicksal heimgesucht, erleidet schwere Schicksalsschläge, oder aber er erfährt des Schicksals Gunst als Ernte des Guten. Der Ursprung des Schicksals liegt immer beim Menschen ganz persönlich und nirgendwo anders, so wie es Friedrich von Schiller die Jungfrau von Orleans sagen läßt: »Dein Schicksal ruht in deiner eignen Brust!« Wer das erkennt, wird die Ursache zu allem Mißgeschick und Leid, das ihn trifft, in erster Linie bei sich suchen und sich dadurch den Weg öffnen zur demütigen Erkenntnis seiner Schuld, ohne die es kein Empfangen der in den Gesetzen der Schöpfung ruhenden Gottesgnade gibt, welche allein Erlösung von den Sünden und damit Vergebung gewähren kann.

Stigmata

Betrachten wir einmal unter Beachtung der Gesetzmäßigkeit von Säen und Ernten, von Wirkung und Rückwirkung, die heute allgemein bekannten Stigmatisationen. Gemeint sind natürlich nur die echten Stigmata (Wundmale), die von selbst auftreten, nicht diejenigen, die durch religiöse Schwärmerei und Glaubensfanatismus infolge Selbstbeeinflussung hervorgerufen werden.
Was haben jene Menschen gesät, bei denen sich die Wundmale mehr oder weniger stark zeigen? Da sie darunter körperlich und seelisch schmerzlich zu leiden haben, kann die Ursache dazu keine gute gewesen sein. Leid als Ernte wird nie die Folge einer guten Aussaat sein, genausowenig wie etwa Disteln aus gesätem Weizen hervorwachsen würden. Das wäre auch eine Ungerechtigkeit, welche nach den unbestechlichen Schöpfungsgesetzen nicht möglich ist.

Es fällt auf, daß die Wundmale der Stigmatisierten genau denen gleichen, die Jesus, dem Gottessohn, bei seiner Kreuzigung in schmerzhafter Weise zugefügt wurden. Diese Tatsache läßt auf einen persönlichen Zusammenhang schließen: Es muß zwischen Jesus und diesen Menschen etwas Einschneidendes vorgefallen sein, das den Anlaß zu einem solchen Schicksal gegeben hat. Wir gehen deshalb wohl nicht fehl, wenn wir das Vorgefallene darin suchen, daß diese damals auf Erden weilenden Menschenseelen den Gottessohn aus freiem Wollen heraus anfeindeten und verspotteten oder ihn sogar lästerten, als er am Kreuze litt und starb.

Somit sind die Stigmata als Folge einer persönlichen Schuld Jesus gegenüber zu erklären, die bei den jeweiligen Inkarnationen dieser Menschenseelen dadurch sichtbar zum Ausdruck kommt! Auch sind solche Seelen dann durch ihre Leidensmale nicht ausgezeichnet oder »begnadet«, sondern im Gegenteil durch ihr selbstverschuldetes Schicksal als Gezeichnete anzusehen. Erst die Erkenntnis ihrer Schuld und die Bitte um Vergebung können sie davon erlösen; dann werden auch die Wundmale nicht mehr erscheinen.

Das Fortbestehen der Seele nach dem Tod

Geburt und Tod sind der Anfang und das Ende des Erdenlebens, und kein Mensch, der noch ein wenig Suchen nach der Wahrheit in sich hat, kann die beiden wichtigen Fragen, wie das Leben in den Erdenkörper hineinkommt und wo es nach dem Tode bleibt, unbeachtet lassen.

Die meisten Menschen haben sich in ihren niederen, nur auf das Irdische gerichteten Anschauungen festgefahren, so daß sie nicht mehr davon loskommen. Durch das einseitige Großziehen des erdgebundenen, also vergänglichen Verstandes haben sie in ihrem Forschen nach den Rätseln des Lebens einen sehr wichtigen Schlüssel verloren, nämlich die Fähigkeit, Folgerungen zu ziehen von dem, was »oben« seinen Ursprung hat, auf das, was sich »unten« als Auswirkung zeigt. Trotzdem kann schon allein bei dem Studium der Auswirkungen »unten« noch manche höhere Erkenntnis gewonnen werden, wenn bedacht wird, daß sowohl in der sichtbaren als auch in der irdisch unsichtbaren Welt die gleichen Gesetze tätig sind.

Diese Schöpfungsgesetze formen nicht nur das Irdische, sondern auch das »Überirdische«, und sie bewirken weiterhin, daß nichts in der großen Schöpfung verlorengeht. Infolgedessen muß auch das Leben, das mit dem Tode aus dem Erdenkörper gewichen ist, eine Form haben, und diese Form muß irgendwohin gekommen sein. Und so ist es auch in der Tat: Das »geformte Leben«, das den toten Körper verläßt, ist die Seele, die nach dem Tode in menschlicher Gestalt hinübergeht in das sogenannte »Jenseits«, ein Sammelbegriff für eine Anzahl von verschiedenen Regionen.

An welchen Ort die Seele dort kommt, ist durch das Gesetz der Schwere bedingt. Je nachdem, wie sie sich auf Erden durch ihr Denken und ihr Tun selber leicht oder schwer gemacht hat, steigt oder sinkt sie nach ihrem Abscheiden in diejenige Region, die die glei-

che Schwere hat wie die Seele, wo sie dann von ihrer Gleichart angezogen wird.
Der Mensch hat über das lebendige Geschehen in der Schöpfung viel zu enge und einseitige Begriffe, so auch über das Fortbestehen der Seele nach dem Tode, falls er wirklich daran glaubt. Er ist oft der Meinung, daß sich die Seele nach dem Tode zur Ruhe begibt. Gerade das Gegenteil ist der Fall: Wenn die Seele nach dem Tode weiterleben will, dann darf sie nicht ruhen, sondern muß sich bewegen! Denn nur Bewegung ist Leben! Redensarten wie: »Er ging zur ewigen Ruhe ein« und »Ruhe sanft!« geben daher einen vollständig falschen Begriff von dem Geschehen im Jenseits.
Im Jenseits herrscht regste Tätigkeit, und das Erleben ist dort viel stärker und reicher als hier auf der Erde. Der Mensch findet im Jenseits alles das wieder, was er auf Erden dachte und empfand. Es sind seine »Werke«, die ihm nachfolgen oder ihn erwarten, die guten wie die üblen. Sie allein würden schon genügen, ihn nicht zur Ruhe kommen zu lassen. Von einem persönlichen Ruhen oder Ausruhen der

Toten bis zum Jüngsten Gericht kann deshalb keine Rede sein!

Das »Auferwecken zum Jüngsten Gericht« hat eine ganz andere Bedeutung, als die Menschen sie sich denken: Es sollen nicht alle Toten, sondern alles Tote erweckt werden! Darunter sind auch die in den Menschenseelen wie tot schlummernden üblen Eigenschaften zu verstehen, die durch die zur Zeit des Gerichtes verstärkte Gotteskraft erweckt, das heißt, zu höchster Bewegung gezwungen werden, auf daß sie sich dabei selbst richten. Wer dieses große Weltgericht infolge selbstverschuldeten Versagens nicht besteht, der verfällt dem »anderen Tod«, der der »ewige« ist. Er verliert damit sein mühsam erworbenes Sichselbstbewußtsein.

Deshalb vergesse der Mensch niemals das eigentliche Ziel seines Seins: das Paradies! Der Weg dorthin führt durch das Jenseits; der Erdentod ist nur ein Tor auf diesem Weg, der jenseits des Irdischen weitergeht und dem aufwärts strebenden Weltenwanderer einen überraschenden Ausblick bietet auf eine an-

dere, irdisch unsichtbare Welt, die noch viel gewaltiger und schöner ist als die Erde.
Zuweilen werden den Erdenmenschen Möglichkeiten einer Verbindung mit dem Jenseits geschenkt, die sich in natürlicher Entwicklung ergeben und nichts mit künstlichen Nachhilfen zu tun haben, die immer eine Gefahr in sich bergen und selten ohne körperlichen und seelischen Schaden verlaufen. So hatte zum Beispiel der 1934 verstorbene englische Dichter H. Dennis Bradley versprochen, nach seinem Tode von sich hören zu lassen, wenn dies überhaupt möglich wäre. Und es gelang ihm tatsächlich kurze Zeit später, durch ein Medium eine sehr gute Schilderung seines jenseitigen Lebens zu geben, die u. a. wie folgt lautet:
»Die Landschaft, in der wir leben, unterscheidet sich ganz außerordentlich von der irdischen. Sie ist von beglückender Reinheit und Klarheit. Es gibt unendlich viel Licht und nichts Graues oder gar Dunkles.
Es gibt hier auch einen Erdboden und ein Meer, Bäume und Pflanzen, aber alles ist schöner und wunderbarer als auf Erden.

Sogar das Gefieder der Vögel ist leuchtender und farbenprächtiger. Am sonderbarsten aber wirken die Blumen. Sie strömen nicht nur einen Duft aus, sondern auch herrliche, dem irdischen Ohr nicht vernehmbare Töne, die bei jeder Blumenart verschieden sind.

Man kennt hier keine Müdigkeit und kein Ruhebedürfnis, sondern fühlt sich immer von einer wunderbaren Kraft durchströmt. Die Zeit spielt keine Rolle. Man ist immer beschäftigt, denn es gibt hier millionenmal soviel zu lernen wie auf Erden.

Es sind Millionen und Abermillionen von abgeschiedenen Seelen hier zu finden. Die Geister können sich miteinander verständigen, auch wenn sie im irdischen Leben verschiedene Sprachen gesprochen haben.

Wunderbar ist auch die Fähigkeit der Fortbewegung. Sie ist nicht irdischer Art, weil es hier keinen irdischen Körper gibt. Wohl habe ich eine Gestalt, die man mit einem Körper vergleichen könnte, aber ich bin nicht durch sie gefesselt.

Bei uns genügt es, sich irgendwohin zu wünschen, um auch schon an Ort und Stelle zu sein.

In Zukunft wird es wohl wieder möglich sein, einen Verkehr zwischen den Erdenmenschen und den abgeschiedenen Seelen herzustellen. Aber dazu ist es nötig, daß der Mensch mit gläubigem Vertrauen die Tore des Wissens öffnet, die er sich durch seine Ungläubigkeit selbst verschlossen hat.«

Der Erdentod muß seine Schrecken verlieren, wenn wir wissen, daß es für den vorwärtsstrebenden Menschen lediglich ein Übergang von einer Schöpfungsebene in die andere ist. Die Seele mit dem Geist als Kern streift dabei nur die vergängliche irdische Hülle ab, behält die Körperform jedoch als Eigenart des Geistes, dessen eigentliche Heimat das geistige Reich ist, auch das Paradies genannt. Der Weg dorthin ist weit, doch lichte Gärten säumen ihn, in denen der nach oben drängende Menschengeist wunderbare Hilfen und erfrischende Stärkung findet. Einen dieser lichten Gärten schildert der verstorbene Dichter aus dem Jenseits.

Nicht nur einmal muß eine Menschenseele geboren werden und wieder sterben, bis sie jene Leichtigkeit und damit jene Reinheit erlangt hat, die sie vom Irdischen vollständig löst. Dann kommt einmal ein Erdentod, der für sie der letzte ist. Befreit von allen Erdenlasten kann der Geist aufjubelnd den lichten Gefilden entgegeneilen, bis sich ihm zuletzt die Tore des Paradieses öffnen werden. Mit dem Überschreiten der Schwelle zu dem Reiche des Geistigen hat er das »andere Leben« gewonnen, und über ihm formt sich ein wunderbar leuchtendes Strahlengebilde, das ihn glückselig aufjauchzen läßt: die Krone des Lebens!

Der jenseitige Helfer

Leider hat sich der Erdenmensch der wirklich existierenden jenseitigen Welt nahezu vollständig verschlossen. Er bringt in seiner freiwilligen erkenntnismäßigen Einengung dafür kein Verständnis mehr auf und steht den jenseitigen Vorgängen ungläubig und zweifelnd gegenüber. Trotzdem vermag er jeden Augenblick die Verbindung zu dem Jenseits auf die einfachste Weise aufzunehmen; er braucht dazu weder medial noch hellsehend zu sein.
Wir alle kennen das »Gewissen«, ohne jedoch seine eigentliche Bedeutung jemals richtig ermittelt zu haben: Es ist eng verbunden mit dem Wirken jener Verstorbenen, die ernsthaft bemüht sind, mit ihren größten Erfahrungen den noch auf der Erde weilenden Mitmenschen zu helfen, sie sicher zu leiten und zu schützen, vorausgesetzt, daß von den Erden-

menschen aus eine echte Sehnsucht oder innige Bitte den Weg dazu ebnet. Das stille Wirken dieser jenseitigen Helfer ist ein Teil unseres Gewissens, das zum anderen Teil die Stimme des Geistes, also unsere Empfindung ist!
Wie oft versuchen die Jenseitigen, uns durch eine Mahnung oder Warnung von üblem Tun zurückzuhalten. Wie sehr bemühen sie sich immer wieder, durch ein leises Drängen unser Zögern zu beseitigen, das uns noch von einer guten Tat trennt. Wie manches Mal geben sie uns gute und nützliche Ratschläge ein. Aber was nützt ihre noch so ernst gemeinte Einwirkung, wenn wir uns nicht »ins Gewissen reden« lassen, sondern versuchen, es einzuschläfern, um dann hinterher zu merken, daß dieses gewisse Etwas, das plötzlich unsere Gedanken gegenteilig durchkreuzte, doch richtig war, aber von unserer Verstandesklugheit unterdrückt wurde! Zwingen können uns die jenseitigen Helfer natürlich nie; denn auch sie müssen den freien Willen beachten.
Daher wohl dem, dessen Gewissen sich noch regt, der der Stimme seines Gewissens aus ei-

genem Entschlusse folgt und sich von seinem Helfer im Jenseits willig leiten, führen und schützen läßt. In dem Helfen und Helfenlassen liegt wechselwirkend ein großer Segen, der für beide Teile einen ungeahnten geistigen Aufschwung bringen kann.

Die Regionen des Jenseits

Bei seinem Aufenthalt in der Nachschöpfung muß der Menschengeist des öfteren sein Erdenkleid wechseln. Er wird geboren, stirbt und wird wieder geboren.

Beim Sterben legt er jedesmal seine vergängliche Erdenhülle ab und besteht jenseits der irdischen Welt weiter. Denn es ist nicht so, daß nach dem Erdentode alles aus ist. Der Geist, der mit seinen nichtirdischen Hüllen die Seele bildet, bleibt nach dem Verlassen des Erdenkörpers in menschlicher Form erhalten als selbständige Persönlichkeit.

Ebensowenig entspricht es auch der Wirklichkeit, daß die Hinübergegangenen im Jenseits die ewige Ruhe finden. Es gibt in der gesamten Schöpfung keine absolute Ruhe. Alles ist in steter Bewegung, und gerade im Jenseits herrscht ein viel regeres Leben als hier auf Erden, weil dort das bedeutend Schwerfälligere des Irdisch-Materiellen wegfällt.

Aufgrund dieser regeren Bewegung ist auch das Erleben der Seele drüben viel unmittelbarer und schneller als auf der Erde. Vor allem aber geht im Jenseits durch das Fehlen der irdischen Hülle als Schutzmantel ein dauerndes und genaues Einordnen der Geister vor sich, wobei das Gesetz von der Anziehung der Gleichart und das Gesetz der Schwere besonders wirksam sind.

Wenn schon auf Erden im kleinen wie im großen immer wieder »gleich und gleich sich gern gesellt«, dann erst recht in den jenseitigen Ebenen, wo die Anziehung der Gleichart sogar zwingend ist und wo jede Gleichart-Gruppe ihren bestimmten Aufenthaltsort hat. Seien es Neid, Haß, Lüge, Leidenschaft oder was sonst der Mensch an Fehlern und Schwächen hervorzubringen fähig ist, stets formt er sich die entsprechenden Stätten, die immer von gleichgearteten Seelen bevölkert sind. So ist auch die Hölle nicht etwa ein von Gott geschaffener Strafort, sondern das alleinige Werk des Menschen. Für die Schaffung dieses Werkes mißbraucht er die die Schöpfung durchströmende geistige Kraft, indem er damit vermittels seiner Empfindungen, Gedanken und Taten sehr wirksame üble Gebilde formt.

An den Stätten des Dunkels können die Seelen sich in allen Leidenschaften austoben und alle Fehler und Schwächen ausleben, ohne Schaden anzurichten, weil hier nur Gleichgesinnte betroffen werden, die sich im gegenseitigen Leiden die Möglichkeit geben zur Erkenntnis ihrer Schuld und damit zur allmählichen Besserung.

Aber auch die nach Höherem strebenden Menschengeister finden sich in verschiedenartigen Örtlichkeiten der lichteren Regionen.

In Wirklichkeit umfaßt das sogenannte Jenseits viele Abteilungen und Abstufungen, angefangen bei den Regionen des Lichtes als den Vorstufen zum Paradies bis zum Land der Dämmerung und noch weiter hinunter bis zu den Regionen des Dunkels, welche die Hölle bilden.

Der Glaube an verschiedene Orte für Abgeschiedene im Jenseits ist alt. Im Evangelium des Lukas (16,22–26) wird z.B. ein Ort der Strafe und ein solcher der lichten Ebenen beschrieben und auf die unüberbrückbare Kluft zwischen beiden aufmerksam gemacht. Lorber erwähnt in seinem »Großen Evangelium Johannis« einen jenseitigen Ort für Hochmütige: »Ein hochmütiger, herrschsüchtiger Mensch wird vom Herrn aus nicht gerichtet, sondern jenseits in den gleichen Zustand und das gleiche Leben wie auf Erden versetzt, nur mit dem Unterschied, daß dort weit und breit die Nachbarn dasselbe haben, sind und wollen wie er«. Aus dieser Schilderung geht hervor, daß die eigentliche Strafe in dem Zusammensein dieser gleichartigen Menschen liegt!

Die Erbsünde

Es gibt in der Schöpfung nur zwei Arten von Leben: sichbewußtes und unbewußtes. Nun ist es aber nicht so, daß das Unbewußte immer in seinem Zustand verbleiben muß. Es gibt eine Entwicklung vom Unbewußten zum Bewußten. Das beste Beispiel dafür ist der Mensch.

Zunächst befindet er sich als unbewußter Geistkeim im geistigen Reich, dem Paradies. Eine der neuen Erkenntnisse aus der Gralsbotschaft »Im Lichte der Wahrheit« ist es, daß der Ursprung des Menschen im Paradies liegt. Hier ist sein Dasein vor der Menschwerdung auf Erden. Allerdings weiß er dies im Anfang seiner Entwicklung nicht, es ist ihm noch unbewußt. Aber es ruht ein Sehnen in ihm, bewußt zu werden. Gott erhörte dieses leise Drängen und ließ es geschehen, daß die Geistkeime zum Bewußtwerden das Paradies verlassen durften. In der biblischen Sprache heißt dies: Sie wurden aus dem Paradies »ausgestoßen«, aber nicht etwa als Strafe, sondern weil sie unfähig sind, im Paradies zu bewußtem Leben zu erwachen.

Das gelingt nur durch die gröberen Strahlungen der Stofflichkeit (Nachschöpfung), in welche die Geistkeime tauchen wie in einen fruchtbaren Ackerboden, um sich dort in Erdenkörper zu inkarnieren zur Entwicklung des Sichselbstbewußtseins.

Die Zahl derer, die den Menschen bezüglich seiner Herkunft für ein höher denkendes Tier halten, ist nicht gering, aber es trifft nicht den Kern. Gewiß stammt der Erdenkörper des Menschen vom Tier ab, denn einmal muß ein Anfang auf Erden dagewesen sein. Die ersten Geistkeime inkarnierten in hochentwickelte Tierkörper, die dann ausstarben. Sie waren den heutigen Menschenaffen ähnlich. Anders konnten die Menschengeister nicht auf diese Erde kommen als über die Brücke dieser Tierkörper. Deshalb gleichen sich auch heute noch die Gehirne von Menschen und Menschenaffen, vor allem beim Schimpansen.

Man könnte annehmen, das menschliche Denken unterscheide sich nicht viel vom Denken dieser Tiere. Aber das ist nicht der Fall, weil ein wesentlicher Unterschied vorhanden ist.

Der Grund dafür ist der Kern in den Erdenkörpern. Beim Menschen ist es der Geist, der den Körper belebt, und beim Tier ein wesenhafter Kern, die Tierseele, die aus einer Ebene kommt, die unterhalb des Paradieses liegt. Das sind zwei grundverschiedene Schöpfungsarten, die nicht zu überbrücken sind.

Die Verbindung zur Außenwelt der Stofflichkeit erhält der im Erdenkörper befindliche menschliche Geist durch die Strahlungsbrücke Sonnengeflecht – Kleinhirn – Großhirn.

Die Eindrücke aus dem Irdischen gehen den umgekehrten Weg zum Großhirn mit den ihm verbundenen Sinnesorganen über das Kleinhirn zum Sonnengeflecht, das sie dem Geist vermittelt.

Das Sonnengeflecht ist ein Nervenknoten des vegetativen (sympathischen) Nervensystems, der unter dem Zwerchfell liegt. Diesem Nervensystem unterliegen die Tätigkeiten, die ohne unseren Willen, also unbewußt ablaufen, wie Atmung, Verdauung, Tätigkeit des Herzens und der Drüsen. Durch besondere Leitungsbahnen ist dieses Nervensystem mit dem Gehirn verbunden. Es wird auch als Bindeglied zwischen Leib und Seele bezeichnet, denn in dem Sonnengeflecht steht der Geist mit dem Erdenkörper in Verbindung.

Das Gehirn übt sowohl in irdischer als auch in geistiger Beziehung wichtige Funktionen aus. Es ist ein Wunderwerk für sich. Ein großartiges Schaltwerk mit ungezählten Nervenzellen und einer unübersehbaren Fülle von feinsten elektrischen Strömen. Ebenso unvorstellbar sind die Verbindungsmöglichkeiten dieser Zellen vermittels kleinster Empfangsantennen und Sender.

Das Großhirn, als das vordere Gehirn, ist nicht nur maßgebend für die Sinnesorgane, sondern auch für das Entstehen der Gedanken, aus denen sich der Verstand bildet, der notwendig ist für das irdische Begreifenkönnen.

Der andere Teil des Gehirnes, das Kleinhirn,

auch das hintere Gehirn genannt, ist der geistig aufnehmende Teil, mit dessen Hilfe ein geistiges Begreifen möglich ist. Denn das Großhirn vermag die feinen Schwingungen des Geistes nicht unmittelbar aufzunehmen. Dazu ist das Kleinhirn als Umformungsstelle notwendig, das durch reichliche Nervenleitungen mit dem Großhirn verbunden ist und die Aufgabe hat, das Geistwollen in gröbere, dem Großhirn angepaßte Schwingungen umzuwandeln.

So dient das Großhirn, das die Gedanken und den Verstand hervorbringt, dem Irdisch-Vergänglichen. Hierzu gehört noch das Gefühl, welches von den Körpertrieben und dem Verstand abhängig ist.

Das Kleinhirn dagegen steht als Brücke für den unvergänglichen Geist zur Verfügung, der sich in der Empfindung äußert, welche die innere Stimme genannt wird. Eine deutliche Unterscheidung zwischen der Herkunft der Gedanken und dem Ursprung der Empfindungen finden wir auch in unserer Sprache.

Die Gedanken bringen wir mit dem Kopf, also

mit dem Gehirn in Beziehung, wenn wir uns »etwas durch den Kopf gehen lassen«, also überdenken, oder wenn wir »viel im Kopf haben«, das heißt viel Denkarbeit leisten müssen.

Andererseits verwenden wir bei den Empfindungen des Geistes das Wort Herz. Mit dem Herzen war ursprünglich das Sonnengeflecht gemeint. Die Ausstrahlung des Geistes teilt sich über das Sonnengeflecht dem Herzen mit, wodurch oft der Eindruck erweckt wird, seine Äußerungen würden im Herzen hervorgerufen. Wenn wir uns zum Beispiel »etwas zu Herzen nehmen«, »etwas aus tiefstem Herzen tun« oder wenn wir »einen Stich ins Herz bekommen«, das heißt eine schmerzliche Empfindung haben. So sind viele zum Teil versteckte Hinweise in unserer Sprache zu finden, die auf das Ursprüngliche hindeuten.

Auch für das Kleinhirn gibt es noch eine andere Bezeichnung, die auf seine tiefere Bedeutung, auf seine vermittelnde Tätigkeit für den Geist aufmerksam macht. Man nennt es »Lebensbaum«, weil der Längsschnitt durch das

Kleinhirn eine baumförmige Verzweigung zeigt.

Richtig wäre es nun gewesen, wenn der Mensch im Laufe seiner Entwicklung beide Gehirnteile, das Großhirn und Kleinhirn gleichmäßig benutzt hätte, was er aber nicht tat. Entgegen der festgelegten Schöpfungsordnung hat er in jahrtausendelanger Tätigkeit das Großhirn (Verstandeshirn) unverhältnismäßig geschult, überanstrengt und dadurch dessen Wachstum zum Nachteil des heutigen »Klein«-Hirns weit über die normale Größe vorangetrieben.

So kam es, daß heute schon vom dritten Schwangerschaftsmonat an das Großhirn alle anderen Gehirnteile überwuchert und schließlich vollkommen überdeckt. Vor allem leidet das Kleinhirn darunter. Es wurde unterdrückt, was seine allmähliche Schwächung zur Folge hatte.

Der Mensch unterband dadurch das gottgewollte, harmonische Zusammenarbeiten der beiden Gehirnteile und unterwarf sich durch die freiwillige Bevorzugung des Großhirnes

der materiell eingestellten Vorherrschaft des Verstandes, der genauso vergänglich ist wie das Gehirn, das ihn erzeugt. Er hob ihn auf den Platz, der allein dem Geist gebührt. Damit schnitt er sich selbst von den lichten Hilfen ab und verlor den Weg zum Paradies.
Das war der Sündenfall, der nach dem Sichselbstbewußtwerden der Geistkeime einsetzte und sich zur Erbsünde ausweitete.
Deshalb sagte Jesus: »Der Geist ist willig, aber das Fleisch ist schwach« (Matth. 26,41). Das heißt, der Geist möchte und soll im Irdischen wirken, aber er ist daran gehindert durch die Schwäche und Mängel seiner Körperinstrumente, vor allem durch den überzüchteten Verstand.
Dieser widernatürliche Eingriff in die göttliche Ordnung machte nicht nur die Seele (das ist der Geist mit seinen verschiedenen feinen Hüllen) krank, sondern auch den Erdenkörper, was eine verkürzte Lebensdauer zur Folge hatte und viele Krankheiten, die sonst nicht aufgetreten wären.
Nun ist es aber nicht so, daß dem Menschen

seit dem Sündenfall die Sündhaftigkeit angeboren ist, daß er also dauernd in einem vererbten Sündenzustand zu leben gezwungen ist, wie oft angenommen wird. Der Sündenfall wurde deshalb zur Erbsünde, weil das überzüchtete Großhirn und das geschwächte Kleinhirn als körperliche Veranlagung weitervererbt werden. Dadurch ist wohl die Gefahr, aber nicht der Zwang einer ständigen weiteren Kettung an das Irdische gegeben, wodurch das geistige Erwachen sehr erschwert ist.

Den Weg zur Lösung von der Erbsünde zeigte Jesus in seinem Wort, das er den Menschen brachte. Der Zweck seines Kommens war, den Menschen zu zeigen, wie sie sich von ihren Sünden befreien können und wie sie sich in Zukunft zu verhalten haben, um nicht von neuem sündig zu werden. Denn auch Jesus mußte den freien Willen des Menschen berücksichtigen.

Der aus freiem Willen gefaßte Entschluß zur Sünde muß durch einen ebenfalls freien Willensschluß wieder aufgehoben und die Lösung von der Sünde von den Menschen selbst herbeigeführt werden. Es ist eine der großen Gnaden Gottes, dem Menschen die Lösung von aller Schuld innerhalb der in der Schöpfung wirkenden Gesetze zu ermöglichen, damit er diese bei richtiger Erkenntnis nicht ewig mit sich tragen muß.

Nicht eher kann der Mensch die Stofflichkeit (Nachschöpfung), zu der auch die Erde gehört, verlassen und das Paradies erreichen, bis er das letzte Stäubchen Sünde gelöst hat. Das meinte Jesus mit den Worten: »Du wirst nicht von dannen herauskommen, bis du auch den letzten Heller bezahlest« (Math. 5,26).

Der Mensch kann also nicht eine Sünde begehen und sich dann diese von einem anderen abnehmen lassen. Diese Einseitigkeit widerspricht dem Schöpfungsgesetz: »Was der Mensch sät, das muß er ernten«.

Darin liegt eine unbestechliche Logik und Gerechtigkeit. Er, der Urheber, muß seine Saat ernten, niemand anders kann dies stellvertretend für ihn tun, auch nicht ein Gottessohn; das wäre gegen jede Logik. Außerdem kann der Mensch nur das Gleiche ernten von dem, was er ausstreute. Übles Tun bringt keine Freude zurück, und edle Taten ergeben keine »Schicksalsschläge«.

Das alles ist zwingend ineinandergreifend, aber mit dem Verstand nur in seinem beschränkten Bereich der irdischen Saat und Ernte zu begreifen. Darüber hinaus muß der Geist weiter suchen und die geistige Saat und Ernte erkennen.

Logik bedeutet demnach Folgerichtigkeit. Folgerichtig ist alles, was sich durch die Wirkung schon bestehender Schöpfungsgesetze entwickelt. Sie hat nichts mit irgendeiner von Menschen erdachten Lehre zu tun. Deshalb muß der Mensch die Gesetze der Schöpfung kennenlernen, um die Logik zu verstehen.

Nach diesen Gesetzen ist auch die Verteilung der Körperorgane, ihre Aufgabe und ihr Zusammenwirken bestimmt worden. Der Mensch kann nicht plötzlich nach seinem Gutdünken etwas daran ändern, indem er das eine Organ hochzüchtet und das andere schwächt, so wie er es mit dem großen und dem kleinen Gehirn getan hat. Damit stört er die Zusammenarbeit beider Gehirne empfindlich.

Zum Schluß sei noch auf die auffallende Tatsache hingewiesen, daß heute immer mehr über das große Versagen der Menschen und dessen Ursachen nachgedacht wird. Beim Verfolgen der Menschheitsgeschichte muß zwingend der Schluß gezogen werden, daß irgend etwas mit dem Menschen nicht stimmt.

Seit Jahrtausenden töten, morden und quälen sich die Menschen gegenseitig, zerstören Menschen in Kriegen, in Revolutionen, durch schändliches und frevelhaftes Tun das, was wiederum Menschen aufgebaut und gewirkt haben. Dieses abartige Verhalten der Menschen, der Hang zur Selbstzerstörung, findet seinen Höhepunkt in der Jetztzeit.

Wo aber liegt die Ursache dazu? Die Biologen sprechen von einer Fehlentwicklung, einer biologischen Mißbildung des Menschen. Irgend etwas in der Evolution (Entwicklung) der Menschheit sei falsch gegangen, das einen sinnlosen Zerstörungstrieb hervorrufe. Es handele sich um einen »Konstruktionsfehler«

im Menschen. Und dieser Fehler wird vermutet ... im Gehirn des Menschen, in dem explosionsartigen Wachstum des menschlichen Gehirns, das der Kontrolle entglitten sei. Das Wachstum sei so schnell vor sich gegangen, daß es als krankhaft bezeichnet werden müsse und sich zum Nachteil seelischer Bereiche auswirkte.

Hier sind wir genau an dem Punkt, welcher die Ursache alles Übels ist und der vorher bereits eingehend erklärt wurde: das Großziehen des vorderen Gehirnes über die normale Größe hinaus und daraus hervorgehend die Vorherrschaft des irdischen Verstandes, nur mit dem Unterschied, daß dieses unnatürliche Wachstum kein Fehler der gesetzmäßigen Entwicklung ist, sondern von dem Menschen selbst durch seinen widernatürlichen Eingriff in die Schöpfungsordnung erzwungen wurde.

Verstand muß daher auf seinen ursprünglichen Platz zurückverwiesen werden. Seine Stärke liegt allein im Irdischen. Als Beispiel mag die Technik dienen, die durch ihn eine große Höhe erreichte, aber nur eine irdische

Höhe, die nie den geistigen Höhenflug zu ersetzen vermag. Wegen seiner irdischen Herkunft ist der Verstand nicht befähigt, geistige Probleme zu lösen, mag er auch noch so scharfsinnig sein.

Daher muß der Verstand von Natur aus stets unter der Herrschaft des Geistes bleiben als dessen ausführendes Werkzeug auf Erden, das das geistige Wollen des Menschen, das ihm durch das Kleinhirn vermittelt wird, irdisch zu verwirklichen hat. Denn wohlgemerkt, der Verstand wird erst dann zum Feind des Geistes, wenn dieser sich ihm versklavt und ihm die Entscheidungen überläßt.

Alle diese Erkenntnisse sollten uns veranlassen, in Zukunft darauf zu achten, daß schon bei der Erziehung der Kinder und später bei der Ausbildung der Jugend die richtige Tätigkeit von Großhirn (Verstandeshirn) und Kleinhirn (Empfindungshirn) berücksichtigt wird, damit in der kommenden Zeit dieser folgenschwere Eingriff in die Schöpfungsordnung unterbleibt und die Zusammenarbeit beider Gehirne wieder zu voller Harmonie erblüht.

Das Blut als Kennkarte

Anfang des 20. Jahrhunderts wurden die vier Blutgruppen A, B, AB und 0 entdeckt. Inzwischen sind der Wissenschaft viele Einzelheiten über das Blut und seine Zusammensetzung bekannt geworden. Hierzu gehört auch die Entdeckung weiterer Blutgruppensysteme und die Aufstellung von Blutformeln für Volksgruppen, Familien und Einzelmenschen.

Nach neuesten Forschungen zeigen sich auch Zusammenhänge zwischen Blutgruppen und Krankheiten. So neigt die eine Gruppe weniger stark zu bestimmten Krankheiten als die andere. Bei Seuchen ist ebenfalls die eine Blutgruppe weniger gefährdet, während sie von der anderen schwerer zu überstehen sind.

Die Forscher sollen schon heute sicher sein, daß sie bei weiterer Verfeinerung der Unterscheidungen in absehbarer Zeit für jeden Menschen eine eigene Blutformel zu ermitteln in der Lage sein werden; es kann also einmal bewiesen werden, daß es kaum zwei Menschen gibt, deren Formeln in allen Einzelheiten übereinstimmen.

Das gab Anlaß zu der Überlegung, die individuelle Zusammensetzung des Blutes eines Menschen auf einer Kennkarte zu verwenden, weil diese eindeutig auf die Person des Inhabers abgestimmt ist.

Die Annahme, daß jeder Mensch seine eigene Blutformel haben müsse, die nur seine Eigenart wiedergibt, ist richtig.

Sie beruht auf einem Vorgang, der bisher unerkannt blieb und den erst Abd-ru-shin in seiner Gralsbotschaft in dem Vortrag »Das Blutgeheimnis« bekanntmachte.

Mit seiner Erklärung »Der Geist bildet das Menschenblut« gab er eine ganz neue, grundlegende Erkenntnis.

Daß der Geist das Blut bildet, zeigt sich darin, daß das Blut nur während der Anwesenheit des Geistes im Körper vorhanden ist. Erst mit dem Eintritt des Geistes in den werdenden Kindeskörper um die Mitte der Schwangerschaft erhält das schon im Kindeskörper vorhandene Blut seine *eigene* durch den *Geist* geprägte Beschaffenheit.

Verläßt der Geist beim Erdentod den Körper, wenn also der Erdenmensch »seinen Geist aushaucht«, ist auch das Blut nicht mehr da. Die Schlagadern sind blutleer. Das Blut hat seine Form verloren, und in den Adern sind nur noch geronnene Blutreste. Da nun jeder Geist – mit seinen feineren Umhüllungen Seele genannt – von seinem Ursprung her seinen freien Willen hat, ist die geistige Entwicklung bei jedem Menschen eine andere. Keine zwei Menschen gleichen sich darin. Jeder Mensch entwickelt und benützt seine Fähigkeiten und Eigenschaften anders als sein Nebenmensch. Ein Gleichsetzen und Gleichmachen der Menschen widerspricht daher den Gesetzen der Schöpfung.

Infolgedessen bildet jeder Geist auch sein Blut in anderer Zusammensetzung, in der für ihn eigenen Art, so daß sich die persönlichen Blutformeln, wenn einmal eine genaue Bestimmung möglich sein sollte, nie gleichen werden, so wie dies auch nie bei den Fingerabdrücken der Fall ist.

Daher ist zu verstehen, daß zu allen Zeiten im Blut mehr vermutet wurde als nur die Erfüllung körperlicher Funktionen. Es war immer schon ein Ahnen von den Wechselbeziehungen zwischen Geist und Blut da, und manche Sprichwörter und Redensarten weisen darauf hin, wie eng das Blut mit dem Geist verbunden ist. So bedeutet zum Beispiel »in Fleisch und Blut übergehen« etwas sicher beherrschen, etwas ganz in sich aufnehmen. Dazu gehört nicht nur das Begreifen des »fleischlichen« Gehirnes, sondern auch das Erfassen mit dem Geist, der stellvertretend durch das Blut angedeutet wird.

Die Rückwirkung geistiger Äußerungen trifft sofort das Blut, wenn es vor Aufregung aus dem Gesicht weicht, wenn der Schreck es stokken läßt, wenn jemand vor Scham wie mit Blut übergossen dasteht oder wenn ein Mensch »Blut schwitzt«, also große Angst hat. Dies alles bestätigt die Erkenntnis, daß der Geist das Blut bildet.

Die weitere Erforschung des Blutes und das Wissen um seinen wahren Zweck hat ungeahnte Folgen für eine zukünftige gesunde Entwicklung des Menschengeistes auf der Erde.

Die Sexualkraft

Die Sexualkraft entsteht bei einer bestimmten Reife des Körpers, sie ist zwar noch von grobstofflicher Art, aber von ihrer feinsten Beschaffenheit.

Mit dem Einsetzen der Sexualkraft streift der Mensch seine Kindheit ab, er entwächst den Kinderschuhen und wird erwachsen.

Damit ist er geistig voll verantwortlich für sein Denken und Tun, wobei geistig nicht mit verstandlich verwechselt werden darf.

Die irdischen Gesetze passen sich dieser Entwicklung an und erklären den jungen Menschen für volljährig, was in den westlichen Ländern meistens zwischen dem 18. und 21. Lebensjahr der Fall ist.

Die Sexualkraft, die einen wichtigen Wendepunkt im Erdenleben bedeutet, vermag dem Menschengeist einen wunderbaren Aufschwung zum Edlen und Reinen zu vermitteln, wenn die Zeit dazu richtig genützt wird.

Denn das köstliche Reifen in dieser Kraft will Stufe um Stufe errungen sein, bis der Geist in der erreichten Vollkraft in der Lage ist, sich volle Geltung in der Stofflichkeit zu verschaffen.

Er ist damit auch fähig, die körperlichen Triebe zu beherrschen und sie in natürlichen Grenzen zu halten. Dazu gehört auch die Beherrschung des irdischen Begehrens und Genießens, die bereits bei den ersten Gedanken einsetzen muß, wenn diese zu unrechten Handlungen drängen zum Schaden der Mitmenschen.

Hierbei kommt dem Geist die gleichzeitig mit der Sexualkraft erwachende körperliche Schamempfindung zur Hilfe. Sie wird zwar heute als überholt und rückständig abgetan, als Folge des großen geistigen Niederganges der Menschheit, aber schon bald kann sie in bitterer Erkenntnis falschen Denkens und Tuns wieder ihren richtigen Platz einnehmen. In Wirklichkeit ist sie eine Gabe Gottes, die in der Reinheit schwingt. Ohne Schamempfindung ist die echte Anmut einer Frau nicht zu

denken und auch die volle Entfaltung weiblicher Fähigkeiten nicht möglich.
Die tiefere Ursache der Sexualkraft liegt in der Umbildung des Blutes, die durch das Drängen der Seele, mit dem Geist als Kern, und durch das Heranreifen des Körpers veranlaßt wird. Diese Umbildung bedingt eine Änderung der Ausstrahlung des Blutes, und gerade diese ist es, die dem Geiste als letzte Brücke im Irdischen zum vollbewußten Wirken in der Stofflichkeit verhilft.
Vermutlich ist an der Ausstrahlung des Blutes jenes Drüsensystem besonders beteiligt, das mit seinen Drüsen feinste Wirkstoffe, die Hormone, unmittelbar an das Blut abgibt, also z.B. die Hirnanhangdrüse (Hypophyse), Zirbeldrüse, Schilddrüse, Bauchspeicheldrüse (Pankreas), Nebennieren, Geschlechtsdrüsen!
Mit der Sexualkraft setzt auch der Geschlechtstrieb ein als Folge dieser Kraft. Aber die Sexualkraft bleibt von ihm unabhängig! Sie kennt keine Altersgrenze und ist auch noch vorhanden, wenn der Geschlechtstrieb erloschen ist. Wir müssen also genau unter-

scheiden zwischen Sexualkraft und Geschlechtstrieb, der mit der Fortpflanzung zu tun hat und der dieser Kraft untergeordnet ist und von ihr beherrscht werden muß!

Das Drüsensystem ist für die körperliche und geistige Entwicklung lebenswichtig. Ist es doch für den harmonischen Ablauf der inneren Funktionen des Organismus verantwortlich, und schon kleinste Störungen und Veränderungen darin vermögen ernsthafte Verwirrungen im Hormongeschehen zu schaffen, wovon auch das Blut und der Geist betroffen werden.

Diese Empfindsamkeit der Drüsen dürfte sich auch bei mancher üblen karmischen Rückwirkung bemerkbar machen!

Nun vermögen wir vielleicht zu ermessen, wie wichtig es ist, unseren Körper als ein kostbares, von Gott anvertrautes Gut gesund zu erhalten, ihm in allen Lebensaltern die richtige Blutzusammensetzung zu ermöglichen.

Hier ist vor allem auf eine naturgemäße, maßvolle Ernährung hinzuweisen. Denn gerade das Wissen über die richtige Wahl der Speisen und Getränke wird eine der stärksten Hilfen für den menschlichen Körper werden.

Dann ist die Empfindung des Menschen wieder so verfeinert, daß es ihm möglich ist, durch die Wahl der Nahrungsmittel die jeweils günstige, für ihn passende Blutzusammensetzung herbeizuführen. Das zeitweise Ablehnen bisher gewohnter Speisen und das Verlangen nach anderen Lebensmitteln gehört hierher.

Doch außer der festen und flüssigen Nahrung ist die dritte Art der »Nahrungsaufnahme« nicht zu vergessen: die Kunst des Atmens!

Für den dazu Berufenen eröffnet sich dabei ein weites Feld, falsche Blutzusammensetzungen günstig zu ändern durch individuelle, natürliche Ernährungsweisen, die ja auch die Drüsen beeinflussen. Diese saugen die ihnen gebotenen wertvollen Nährstoffe auf und verwenden sie zum Aufbau der geheimnisvoll wirkenden Hormone, die ihrerseits zu einer »strahlenden Gesundheit«, also zu einer gesunden Blutausstrahlung beitragen.

Der Volksmund hat all dieses wunderbare Zusammenwirken ganz einfach ausgedrückt:

»Essen und Trinken hält Leib und Seele zusammen!«
Es wird eine segensreiche Zeit werden, wenn in nicht allzu ferner Zukunft das durch übles Wollen der Menschen in Jahrtausenden verursachte sinnlose Blutvergießen ein Ende nimmt und statt dessen eine »unblutige Erneuerung« des Menschengeschlechtes beginnt durch das große Wissen von der wahren Bedeutung des Blutes, ohne dessen richtige Ausstrahlung der Menschengeist nicht fähig ist, ein vollbewußtes Erdenwirken und den damit verbundenen geistigen Aufstieg zu vollbringen!

Triebwerke des Bösen

Zu allen Zeiten hat es Menschen gegeben, die fähig waren, Gedanken zu sehen und zu lesen. Wenn aber Gedanken zu sehen sind, so müssen sie etwas darstellen und Inhalt und Form haben. Allerdings sind diese Formen von feinerer Stofflichkeit als es das grobe Irdische ist. Sie können daher nur von solchen Menschen wahrgenommen werden, deren inneres Auge dafür geöffnet ist, die also hellsehend sind.

Genauso können die jenseitigen Helfer unsere Gedanken lesen und diese Möglichkeit benutzen, uns zu helfen, zu raten und uns ins Gewissen zu reden. Sie können sogar in besonderen Fällen die Strahlungen reiner Gedankenkanäle verwenden, um durch diese bis ins grobe Irdische hinein zu wirken.

Doch man braucht nicht hellsehend zu sein, um sich von der Wirklichkeit der Gedanken zu überzeugen. Es gibt noch andere Zeichen ihrer

Existenz: die Gedankenübertragungen von Mensch zu Mensch, ohne die Gedanken auszusprechen. Zuweilen lesen wir darüber oder haben es selbst erlebt, daß Gedanken, die wir auf einen bestimmten Menschen richten, die ihm »zugedacht« sind, von diesem aufgenommen werden, wie sich dann hinterher herausstellte. Dabei spielt die Entfernung keine Rolle; ebensowenig die Tatsache, daß sich die Menschen bei diesen Übertragungen womöglich in Häusern befinden. Gedanken sind eben leichter und feiner als die grobe Materie und vermögen deshalb Mauern so zu durchdringen, wie es den Radiowellen möglich ist.

Schon lange ist man in der Lage, Gedankenwellen zu messen. Auch ein Beweis, daß sie eine Masse haben, deren Strahlungen mit feinsten Instrumenten festgestellt werden. Wirkliche Gedanken sind durchglüht von der Empfindung des Geistes. Sonst sind sie kalt und kraftlos.

Sie entstehen durch die Tätigkeit des vorderen Gehirnes (Großhirn). Aus den Gedanken bildet sich wiederum der Verstand. Da das Gehirn

zum Irdischen gehört, Teil des vergänglichen Körpers ist, hört es mit dem Tode ebenfalls auf zu bestehen. Danach ist es dem Menschen nicht mehr möglich, im Jenseits zu denken und seinen Verstand zu gebrauchen. An dessen Stelle treten andere Mittel der Verständigung.
Deshalb vermag der Verstand nur Irdisches zu begreifen. Alles was darüber hinausgeht, wird von ihm nicht mehr »verstanden«. Es steht einem einfach der Verstand still, der Verstand ist am Ende oder es geht einem über den Verstand, sobald es sich um außersinnliche, außerirdische Dinge handelt, die allein in das Gebiet des geistigen Begreifens fallen.

Aber so vergänglich das Gehirn ist, so bestehen doch die von ihm gezeugten Gedanken weiter, weil bei ihrer Formung Strahlungen feinerer Art aufgenommen werden, welche die Gedanken den Tod des grobstofflichen Körpers überdauern lassen.

Sie gehören auf diese Weise mit zu den Werken, die dem Menschen bei seinem Tode nachfolgen (Off. 14,13). Im Jenseits erwarten sie die abgeschiedene Seele und halten sie fest in trüben Niederungen, wenn die Gedanken übler Art waren, oder sie bilden bei guten Gedanken einen Weg für beglückendes Fortschreiten in lichtere Gefilde.

Karl May, der mehr wußte oder ahnte, als seine Erzählungen erkennen lassen, sagt hierzu in seinem Buch »Himmelsgedanken«: »Jeder Mensch ist ein Schöpfer einer eigenen Welt. Seine Taten sind die festen, seine Worte die flüssigen, seine Gedanken die imponderabilen (unwägbaren) Bestandteile dieser Welt. Er schafft sie sich nicht bloß für hier, sondern wird sich auch in jenem Leben nicht von ihr lossagen können.«

In letzter Zeit sind die Gedanken und ihre Übertragung (Telepathie) Gegenstand eingehender wissenschaftlicher Forschungen geworden. Aber wie es heute üblich ist, werden die Ergebnisse meist nicht für aufbauende Zwecke verwendet.

So wird zum Beispiel eifrig untersucht, inwiefern Telepathie als sogenannter Mentalfunk in Kriegen, bei der Spionage, in der Politik möglich ist, und man überlegt bereits, wie die Gedanken von Kriegsgegnern zu verwirren sind und wie möglicherweise durch Störsender Gedankenübertragungen verhindert oder verzerrt werden können.

Aber das genügt noch nicht. Der Mißbrauch geht weiter. Man will durch gezielte Beeinflussung der menschlichen Gehirne zwangsweise eine totale Gedankenmacht auf größere Gruppen von Menschen ausüben.

Doch ist es nicht möglich, die moralische Sperre des Menschen durch übles Wollen anderer zu durchbrechen, auch nicht durch telepathische Eingriffe in das Privatleben, wenn es der betreffende Empfänger nicht will. Jeder kann genügend Willenskraft aufbringen mit der festen Zuversicht auf geistige Hilfe, um üble Gedanken abzuwehren und in seiner persönlichen Sphäre nicht zur Wirkung kommen zu lassen.

Was nützen alle diese Forschungen, wenn dabei versäumt wird, vor allem Näheres über die Art und Wirkung der Gedanken zu erfahren im Hinblick auf ein geistiges Höherstreben und auf einen gesunden irdischen Aufbau.

Wir können nicht mehr unbeteiligt Zuschauer eines Geschehens sein, das jeden Tag neue, böse Überraschungen bringt, sondern sind gezwungen, uns nun ernsthaft mit Problemen zu beschäftigen, die außerhalb unserer sinnlichen Wahrnehmungen liegen, nämlich auf geistigem Gebiete, weil schließlich auch unser geistiges Überleben davon abhängt.

Kürzlich wurde die Meinung geäußert, man könnte Verbrechen vielleicht verhindern, wenn man durch die Grundlagenforschung eine ausreichende Kenntnis erhielte über die Triebwerke, welche die Menschen in regelmäßigen Abständen zum Kollektivverbrechen des Völkermordes treiben.

Diese Triebwerke bzw. die Kollektivhandlungen liegen mit in den dunklen Gedankenzentralen begründet, deren es so viele gibt wie der Mensch Verbrechen zu ersinnen fähig ist. Aber es bestehen auch solche des Friedens und der reinen Liebe.

Gleiche Gedanken schließen sich nach dem Gesetz der Anziehung der Gleichart zu Zentralen zusammen. Diese haben wiederum Ver-

bindung mit gleichartigen Sphären des Dunkels und des Lichtes.
Alle daran Beteiligten sind mit diesen Zusammenschlüssen des Übels oder des Guten durch Fäden verbunden und erhalten auf diesem Verbindungsweg immer neue Zufuhr, die in ihnen sowohl das Übel als auch das Gute wachsen läßt. Und eines Tages ist es soweit, daß einer oder mehrere oder ganze Massen zum Beispiel ein Übel, das zunächst nur in Gedankenformen verkörpert war, irgendwo auf Erden in Taten umsetzen und auf diese Weise ein Kollektiv-Verbrechen begehen. Irdische Grenzen gibt es hierbei nicht. Sie alle, in welchem Land sie auch sein mögen, sind durch eine echte Kollektivschuld miteinander verbunden. So kommt es vor, daß wir aus den verschiedensten Teilen der Erde von gleichgearteten Verbrechen hören. »Es liegt in der Luft« sagt der Volksmund. Es droht etwas Unangenehmes oder Unheilvolles. Zu dieser »Luft« aber gehören auch die Gedankenformen mit ihren Ausstrahlungen, die zur Verwirklichung drängen, und da, wo schwache

oder dunkle Stellen sind, zeigen sich irdisch die Früchte üblen Wollens. Heute werden wir fast täglich mit solchen Fällen bekannt gemacht. Denken wir zum Beispiel nur an neuartige Verbrechen. Zunächst gibt es einen »Modellfall«, der dann als Kettenreaktion Schule macht.

Von den »Gedankensündern« können nur die irdisch sichtbaren Täter ergriffen und verurteilt werden. Die übrigen »Komplizen« bleiben ungeschoren, weil ihre Mittäterschaft unsichtbar ist. Aber alle unterliegen ohne Ausnahme den Schöpfungsgesetzen, die in ihrer Unbestechlichkeit für eine gerechte Rückwirkung sorgen; doch auch für eine Lösung der dunklen Schicksalsfäden, falls die Bereitschaft dafür bei dem Erzeuger durch anhaltendes gutes Wollen und Tun vorhanden ist.

Im Gegensatz zu obigen Darlegungen ist eine nach irdischer Auffassung gedachte Kollektivschuld, die einer Gemeinschaft (Volk, Familie) für die verbrecherischen Taten einzelner Glieder angelastet wird, weder rechtlich noch moralisch zu begründen.

Denn auf der Erde, wo die Gleicharten nicht

getrennt sind, befinden sich in einer Gemeinschaft Beteiligte und Unbeteiligte, Schuldige und Unschuldige untereinander gemischt.
Wird daher auf eine Gemeinschaft eine Kollektivschuld abgewälzt, so werden die Unbeteiligten mit einbezogen und moralisch herabgesetzt (diskriminiert).
Aus all den Erklärungen geht bereits hervor, daß Gedanken nicht zollfrei sein können. Im Gegenteil, wir müssen dafür oft sogar einen sehr hohen Zoll bezahlen.
Im Altertum gab es den Satz: »Für seine Gedanken wird niemand bestraft«. Das ist später umgewandelt worden zu dem Sprichwort »Gedanken sind zollfrei«.
Wenn ein Mensch in sich schlechte Gedanken erstehen läßt, so sind diese nicht zollfrei, also nicht frei von Strafe. Nach dem einfachen Gesetz »Was der Mensch sät, das muß er ernten«, kommen diese Gedanken vielfach auf den Urheber zurück als übles Schicksal, das von ihm selbst in die Welt gesetzt wurde. Der Mensch hat zu jeder Zeit die volle Verantwortung für das, was er denkt und tut.

Wie wichtig ist es da, auch in Gedanken wach zu sein und zu prüfen, was uns »durch den Kopf geht«. Vor allem sollte uns das Nachdenken über die Welt der Gedanken immer mehr veranlassen, den Begriff des Reinen und Edlen in uns zu erwecken und zu pflegen, damit wir uns nicht eines Tages Vorwürfe machen müssen, mit leichtfertigen Gedanken an üblen Taten anderer beteiligt zu sein, die wir im Grunde unseres Herzens verabscheuen und verurteilen.

Wenn wir unseren Gedanken soviel wie möglich Reinheit verleihen, fördern wir damit die Gedankenzentralen des Guten und helfen mit, den »Gedankenmüll«, der verheerend zur jenseitigen und diesseitigen Umweltverschmutzung beiträgt, zu beseitigen und so die »Triebwerke des Bösen«, zu denen auch die dunklen Gedankenzentralen gehören, allmählich stillzulegen. Sie müssen dann eingehen, vertrocknen, weil sie keine Zufuhr mehr erhalten. Darin liegt letztlich auch die Möglichkeit der Verhinderung aller Verbrechen.

Alles Gute kommt von oben

Sicher hat sich schon mancher über dieses so oft gebrauchte Sprichwort Gedanken gemacht und dabei wohl die Frage gestellt, wie ein solches »Kommen« vor sich geht. Wenn wir beim Radio eine bestimmte Sendestation einstellen wollen, benötigen wir eine dazu passende Wellenlänge. Oft genügt ein Knopfdruck, um das Gewünschte zu bekommen. Wie es aber unten ist, so ist es auch »oben«!

Da gibt es zum Beispiel »Sendestationen« in der Schöpfung, die weit über der Sternenwelt liegen. Es sind Punkte, die lichte Strahlen der verschiedensten Arten vermitteln, ungleich feiner und zarter als die Radiowellen, die ebenso nicht gesehen werden können und doch wirksam sind.

Diese Strahlungspunkte hat die Liebe des Schöpfers in seine Schöpfung eingefügt, dem Menschen zur Hilfe und Stärkung bei seiner

Wanderung durch das tiefe Tal der Stofflichkeit. Beim Menschen ist es der »innere Knopfdruck«, der einen Anschluß an diese helfenden und fördernden Strahlen bewirkt. Er wird betätigt durch seelische Schwingungen, die wiederum durch einen starken Wunsch, eine Bitte oder Sehnsucht nach Reinem und Schönem ausgelöst werden.

Das alles führt eine Lockerung der Seele herbei, welche dann die dem Ersehnten entsprechenden feinen Strömungen hereinläßt.

Doch ist für dieses Verbindungssuchen wirklich gutes Wollen Voraussetzung. Denn »wer Gutes will, der sei erst gut« (Goethe, Faust II).

Nicht zuletzt verhilft dazu auch das neue Schöpfungswissen, das in der Gralsbotschaft gegeben ist. Es läßt aus dem bisher geübten Glauben alles Falsche und Starre sich lösen, damit jene Wahrheit vor uns aufleuchtet und unsere Seele bis ins Innerste durchdringt, die fester, unwandelbarer Überzeugung des Geistes den Weg bahnt.

So vermag sich der Menschengeist alles Gute in Form dieser lichten, zarten Strahlungen heranzuholen, das er zu seinem geistigen Aufwärtsstreben nötig hat. Immer weiter trägt es ihn empor, bis er einst die Stofflichkeit für immer verlassen darf. Dann hat er alles Gute, das von oben kommt, so stark in seinem Denken und Tun verwirklicht und erlebt, daß es ihm möglich wird, seinen Aufstieg in jene Gefilde zu beginnen, welche die seligen genannt werden.

Woher kommt das Böse?

Das ist eine Frage, über die schon viele nachgedacht und keine richtige Lösung gefunden haben. Da gibt es zum Beispiel die Ansicht, der gefallene Erzengel Luzifer sei die Quelle alles Bösen, er sei dafür verantwortlich, weil man sich nicht vorstellen kann, daß Gott ein Scheusal mit dem Namen »Mensch« erschaffen haben könne, das schon seit Jahrtausenden Schlechtigkeit, Bosheit, Gemeinheit und Grausamkeit in der Welt verbreitet.
Und da gibt es eine weitere Frage: Wenn der Gottessohn Jesus Christus durch seinen Tod am Kreuz die sündige Menschheit mit Gott versöhnte, warum hat sich diese seitdem in nichts gebessert? Im Gegenteil, das Böse in seinen ganzen Ausmaßen hat seit Christi Zeit immer mehr zugenommen. Man spricht sogar von einer »blutbesudelten Geschichte der Christenheit«!
Hierzu folgende Überlegungen: Gott schuf den Menschengeist mit einem freien Willen, der eigene Verantwortung bedingt.

Im Anfang war jeder Menschengeist rein. Er verwendete die die Schöpfung durchströmende neutrale geistige Kraft, »das Wasser des Lebens« (Off. 21,6–22,17), nur zu gutem Denken und Tun. Erst im Laufe seiner langen Entwicklung in der Stofflichkeit (Nachschöpfung) wandte er sich infolge Eigenwollens und Eitelkeit immer mehr dem Materiellen zu und verschloß sich höheren Einflüssen. Damit legte er den Grund zu allem Bösen.

Er gebrauchte von nun an die geistige Kraft dazu, üble Empfindungsformen zu erzeugen. Diese schlossen sich in den feineren stofflichen Regionen nach dem Gesetz der Anziehung der Gleichart zu riesigen Zentralen zusammen, wozu auch die Hölle gehört, die nichts anderes ist als das Produkt der Menschen, welche die Kraft dazu mißbrauchen.

Luzifer, der gefallene Erzengel, spielt bei diesem geistigen Niedergang der Menschheit die Rolle eines Verführers und Versuchers.

Er kam aus dem göttlichen Reich. Sein Eigenwollen brachte ihn zum Sturz. Anstatt einer

liebevollen Betreuung des Menschengeschlechtes, wie es seine Aufgabe sein sollte, führte er das falsche Prinzip der erbarmungslosen Versuchung ein und setzte dadurch alles Schwächliche der Vernichtung aus.
Doch ist es die Schuld der Menschen, wenn sie freiwillig diesem Prinzip verfallen. Sie sind geistig stark genug veranlagt und haben auch zahlreiche Hilfen aus lichten Höhen, die ihnen beistehen, um sich erfolgreich gegen die dunklen Einflüsse zu wehren.
Woher kommt nun das Böse? Von dem Menschen ganz allein! Er setzt es in die Welt, niemand anders!
Gott, die Reinheit selbst, kann solche Unmenschen, wie sie schon seit langem die Erde bevölkern, niemals erschaffen haben. Er schuf alle Menschengeister so, daß sie im Anfang rein waren. Erst später verdunkelten und beschmutzten sie ihren reinen Geistkern aus eigenem Antrieb selbst. Dadurch machten sich viele zu Werkzeugen des Dunkels.
Es ist so, wie die überlieferten Jesusworte aussagen: »Was aus dem Menschen heraus-

kommt, das macht den Menschen unrein; denn von innen, aus dem Herzen der Menschen, kommen die bösen Gedanken ...« (Mark. 7,20,21). Und nun gibt es eine große Frage: Hat Christus durch seinen Tod am Kreuz diese verdorbene Menschheit wirklich mit Gott versöhnt? Darauf kann es nur eine Antwort geben: Eine Menschheit, die in der Mehrzahl schon vor dem Tode Christi und dann später noch um ein Vielfaches mehr das Böse bis auf die heutige Zeit in die Welt setzt, also gerade das Gegenteil von dem tut, was Christus durch seine Reden und Gleichnisse von den Menschen forderte, konnte eine Versöhnung mit Gott nicht erwarten, noch viel weniger darauf hoffen, daß Christus durch seinen Tod alle Sünden der Menschen auf sich nahm! Wie soll das auch möglich sein, wenn jemand die Sünden eines anderen übernimmt, und das aus diesen Sünden hervorgehende Leid sich nur an dem Sünder selbst auswirkt, wodurch offensichtlich ist, daß der Sünder das ernten muß, was er gesät hat und niemand anders, auch Christus nicht!

Erkenne Dich selbst!

Die wahre Erkenntnis sieht die Dinge so, wie sie vom Schöpfer von Urbeginn an angeordnet worden sind, sie ist weder Schwankungen und Täuschungen unterworfen, noch abhängig vom Verstand, der wohl nützlich ist, dem Geiste ein Werkzeug auf Erden zu sein, sich aber niemals darüber hinaus zu erheben fähig ist.

Der Verstand vermag sich durch Lernen und Beobachten »Kenntnisse« anzueignen, diese zu erweitern und für irdische Tätigkeiten zu verwerten, doch kann er niemals zu einer geistigen »Erkenntnis« gelangen, weil es ihm von Natur aus nicht möglich ist.

Das ist allein dem Geiste vorbehalten, der sich durch Erkenntnisse während seiner Erdenwanderung Werte schafft, die auch nach seinem Erdentod bestehen bleiben und ihm den Weg zur Rückkehr in die ewige Heimat erschließen.

Die Erkenntnis, die Fähigkeit des wahren Erkennens, ist also eine Eigenart des Geistes, die bei gutem Wollen immer lebendig bleibt, einerlei, wo er nun weilt auf seinen Wegen durch die weite Nachschöpfung.

Wie aber kommt ein Menschengeist zur Erkenntnis, was gibt ihm den Anlaß, irgend etwas mit seinem Geist sinnvoll und schöpfungsgesetzmäßig zu erkennen?

Dem wahren Erkennen geht ein Erleben voraus, das durch irgendwelche Erschütterungen ernster oder freudiger Art hervorgerufen wurde.

Nur wenn ein Eindruck so stark ist, daß er den Geist zu treffen vermag, ist die Ursache zu einem Erleben gegeben, zu dem der aufstrebende Geist jederzeit bereit ist, hat er doch seinen Ursprung in einem Schöpfungsteil, in dem das andauernde Erleben Bedingung ist zu einem ewigen Seindürfen.

Daher hungert der in der Entwicklung begriffene Geist förmlich nach Gelegenheiten wahren Erlebens, um so rasch wie möglich jenen Grad innerer Erschütterungsfähigkeit zu erlangen, der dem im Paradies herrschenden gleichkommt. Er findet diese Gelegenheiten überall in der Schöpfung durch das Gesetz der Anziehung der gleichen Art, das ihn schnell das erleben läßt, was er sich wünscht.

Es ist eine Gnade des Schöpfers, daß der Menschengeistkeim, der in dem Reich freudigen Schaffens und andauernden Erlebens beheimatet ist, weit von seiner Heimat entfernt noch zu dem Erleben zu kommen vermag, das ihn zum vollwertigen bewußten Menschen macht, trotzdem er im Anfang nur ein unbewußter Niederschlag einer geistigen Art ist, die sich als letzte aus der Ausstrahlung Gottes abgesondert hat.

Nur die gröberen Strahlungen der Nachschöpfung, der Welt, die sich unterhalb des ewigen Menschenparadieses ausbreitet, das Sichanpassen an die verschiedenen Hüllen der Stofflichkeit, sind Mittel und Wege zu einer Erschütterung und Lockerung des zuerst noch unbewußten Geistkeimes, bringen ihm das Bewußtsein seiner Umgebung und seiner selbst.

Ein Wunder göttlicher Gnade bleibt der Werdegang vom unbewußten Geistkeim zum sichselbstbewußten Menschengeist um so mehr, wenn bedacht wird, daß es doch eigentlich nur dieses Erschüttern und Lockern durch ihm fremde Schöpfungsarten ist, das ein Erwachen bewirkt und ihn bei bleibendem guten Wollen einem beglückenden Schaffen und Wirken in der Schöpfung zuführt.

Mit diesem Erwachen kommt dann aber auch jenes Erleben, das Grundlage zum wahren Erkennen sein kann.

Um dieses zu erreichen, darf der Mensch eines nicht vergessen: sich selbst! Selbsterkenntnis wurde schon in der griechischen antiken Zeit gefordert. Der Apollotempel zu Delphi trug die Aufschrift: »Erkenne dich selbst«. Das heißt, bemühe dich, dein eigenes Wesen zu erkennen, deine Herkunft, deine Fähigkeiten, aber auch deine Fehler und Schwächen.

Vergiß dich selbst nicht über all den wunderbaren Dingen in der Schöpfung, welche die Aufmerksamkeit auf sich ziehen, der Fülle von Geschehnissen, die tagtäglich auf dich ein-

dringen, Gelegenheit zu den mannigfachsten Beobachtungen und Erlebnissen bietend.
Den Mut muß der Mensch schon haben, bei der Beschäftigung mit sich selbst auf unangenehme Entdeckungen gefaßt zu sein, auch die sogenannten »liebenswerten« Schwächen soll er nicht außer acht lassen.
Dabei darf er aber nicht in ungesunde Grübelei verfallen, sondern muß in natürlicher und objektiver Weise an die Arbeit gehen.
Vor allen Dingen sollte er erkennen, daß er, wie alle Geschöpfe, von seinem Schöpfer abhängig ist und keine Sonderrechte genießt. Als Produkt der Schöpfung ist selbstverständlich auch er den Gesetzen der Schöpfung unterworfen, ohne Unterschied, ohne die geringsten Abweichungen.
Das gibt den richtigen Standpunkt zu einer Betrachtung seiner Umgebung, die dem Geiste nützlich ist und die Möglichkeit bietet, unbefangen und unvoreingenommen auch in dem Nebenmenschen ein aufstrebendes Geschöpf zu erkennen, das gleich ihm beachtet und geachtet sein will.

Trotzdem alle Menschengeister den gleichen Ursprung im geistigen Reiche, dem Paradies, haben, unterscheiden sie sich infolge ihres freien Willens doch voneinander durch ihre verschiedenartige geistige Entwicklung und Reife. Sie sind frei in der Wahl ihrer Entschlüsse, allein verantwortlich für ihr Denken und Tun und können deshalb ihre Schuld nicht auf andere abwälzen, auch nicht auf den Gottessohn!

Das sind einige wichtige Erkenntnisse auf dem Weg zur Selbsterkenntnis. Sie sind die Grundlage für den sittlichen Aufstieg, die Voraussetzung für die geistige Höherentwicklung.

Am Beginn des »Erkenne dich selbst« steht das Erkennen der eigenen Fehler und Schwächen, das Lösen übler Schicksalsfäden. Das verlangt dauerndes, ernsthaftes Wollen, weil dabei ein Grundübel zu überwinden ist: die Eitelkeit, die sich nicht so leicht beiseite schieben läßt und oft zur Selbsttäuschung verleitet.

Selbsterkenntnis ist der erste Schritt zur Besserung. Hält die Besserung zum Guten an, wird es nicht mehr lange dauern, bis eine für den heutigen Menschen wichtige Tugend in seine Seele einzieht: die Demut! Dem Demütigen aber gibt Gott die Hilfe seiner Kraft zu jeder Zeit!

Mehr Verständnis für den Nächsten

Wie lebenswichtig das harmonische Verhältnis von Mensch zu Mensch ist, geht allein schon aus den Zehn Geboten hervor, die Moses einst den Menschen übermitteln durfte.

Viele Jahrhunderte später wurden wieder Worte auf Erden gesprochen, die zum Ziel hatten, das Verhalten gegenüber den Nebenmenschen einfach und natürlich zu gestalten und so den Weg in lichte Höhen zu weisen.

»Liebe deinen Nächsten wie dich selbst!« lautete das Gebot des Gottessohnes Jesus, als er sah, wie Neid und Selbstsucht den Garten der seelischen Liebe bis zur Unkenntlichkeit überwuchert hatten.

Aber so sehr er sich Mühe gab, den Weg des Menschen in der Stofflichkeit durch Achtung und verstehende Liebe seinen Mitgeschöpfen gegenüber zu einem Weg dauernden, ungetrübten Glückes zu gestalten, der nur durch blühende Gärten voll herrlicher Schönheit führt, ebensosehr hat sich der Mensch diesen Mahnungen und Ratschlägen verschlossen und sie einfach nicht beachtet.

Kaum ein Erdenmensch steht noch neben dem anderen. Mißtrauen, Neid und Haß haben Abgründe geschaffen, die fast nicht mehr zu überbrücken sind, und der Begriff des Nächsten, so wie er im gottgewollten Schöpfungswirken schwingt, hat den wahren Wert und die wahre Bedeutung seit langem verloren.

Es gab einmal Zeiten, da die Menschen noch das waren, was wir ausgeglichen nennen. Sie kannten das Gesetz des Ausgleichs, waren lebendige Zeugen davon, daß sie vom Tisch des Herrn, von den Gaben, die Gott den Menschen durch seine Schöpfung gnadenvoll bieten läßt, nur so viel nehmen durften, wie sie selbst benötigten. Dadurch wurde keiner der Mitmenschen durch eigensüchtiges Begehren geschädigt und übervorteilt, keinem wurde ein Leid zugefügt. Es war ein gleichmäßig leuchtendes Strömen menschlichen Wirkens, das von dem Gesetz des Ausgleichs im Geben und Nehmen in regelmäßigem Pulsschlag bewegt wurde.

Heute ist der Mensch seinem Schöpfer gegenüber nur ein Nehmender oder besser gesagt ein Fordernder, der rücksichtslos alles an sich reißt, dessen er in seiner Eigensucht habhaft werden kann, ohne auch nur den kleinsten Dank als winzige Gegengabe dafür auszudrücken. Dazu kommt noch, daß die Menschen sich nicht mehr den belebenden Strömen von oben öffnen, sondern willig die Einflüsse des Dunkels aufnehmen und sie vielfach weitergeben.

Und über all der Finsternis menschlicher Ichsucht stehen golden leuchtend die Worte: »Liebe deinen Nächsten wie dich selbst!« Rein und klar schweben diese Worte über der Menschheit. Doch selten nur irrt tastend aus der Tiefe ein lichter, zarter Strahl zu ihnen, Verbindung suchend und Kraft erbittend für die Überwindung des eigenen Ichs, für ein gerechtes Verstehen des Nebenmenschen, der gleich ihm nach der Wahrheit sucht.

Der Mensch muß sich aber mit seinem Nächsten befassen, muß ihn achten und verstehen lernen als einen Teil der gleichen geistigen Art, als ein Mitgeschöpf, das den gleichen Weg und dasselbe Ziel hat: die geistige Heimat, das Paradies.
Hierbei kann ihm das Beobachten der Nebenmenschen sehr nützlich sein. Schon deshalb, weil er an ihnen Fehler finden und erkennend betrachten kann, die Menschenart aus freiem Wollen, also aus eigener Schuld, außerhalb des Paradieses in der Stofflichkeit großgezogen hat. Allerdings liegt bei der ichbetonten Veranlagung der meisten Menschen immer die Gefahr nahe, daß das Beobachten nicht sachlich erfolgt und meistens in ein persönliches Vergleichen übergeht mit dem Ergebnis, daß sich der Vergleichende über die entdeckten Mängel des anderen erhaben dünkt. Er sieht dann nach den Worten Jesu wohl den Splitter, den kleineren Fehler bei seinem Nächsten, während er den Balken, den gleichen, aber größeren Fehler bei sich nicht bemerkt.

Das sachliche, objektive Beobachten verlangt dagegen nichts anderes, als den ichbetonten Standpunkt einmal zu verlassen und zu versuchen, sich in die Lage des »Objektes«, in diesem Falle des Nebenmenschen, zu versetzen, sein Denken und Tun mit der Seele nachzuempfinden, und nicht grübelnd und kritisierend mit dem irdischen Verstand zu untersuchen oder zu zergliedern.
Dabei möge für das Erkennen und Verstehen der Vorzüge und Fehler der Hinweis nützlich sein, daß die Menschen gerade das zur Entstellung gebracht haben, was dazu bestimmt ist, sie hervorzuheben. Wenn z.B. ein Mensch durch Mut hervorragen sollte, so wird er ihn bei falschem Wollen bis zur Mutlosigkeit und Feigheit entstellen. Anmut wird zur Eitelkeit, Demut verwandelt sich in Hochmut, Güte in Härte und ein tiefes Gemüts- und Gedankenleben schlägt in Gefühls-Überschwang und Oberflächlichkeit um. In erster Linie werden die Eigenschaften und die Fähigkeiten entstellt, durch die ein Mensch vorbildlich sein sollte, und jeder Vorzug hat in der Entstellung

einen bestimmten Fehler als Gegensatz. So verwandeln sich Anmut und Liebreiz in Eitelkeit und nicht etwa in Feigkeit, die sich als Gegensatz des Mutes zeigt.

Alle diese Gegensätze wurden durch die Schuld der Menschengeister herbeigezwungen. Sie hätten nie entstehen können, wenn diese den rechten Weg zum Licht nicht verlassen haben würden. Allein das üble Wollen der Menschen schuf so als Gegensatz zum Licht das Dunkel, das alle Fehler und Schwächen in sich einschließt.

Wenn nun bei diesen Betrachtungen in unserer Seele die Frage auftaucht: Was habe ich denn zur Entstellung gebracht, das dazu bestimmt war, mich zu einem brauchbaren und nützlichen Baustein in dem gewaltigen Schöpfungsbau zu machen, so ist in diesem ersten Schritt zur Besinnung der Anfang des Weges zur Selbsterkenntnis gefunden.

Wer ihn geht, dem zeigt sich bald das richtige Verständnis für den Nächsten, der gleich ihm die Sehnsucht nach den lichten Höhen, nach der geistigen Heimat in sich trägt.

Je eher diese Lichtsehnsucht durch das harmonische Zusammenwirken aller guten Menschengeister zu voller Größe und Stärke sich entfaltet, desto schneller wird dann ein Abglanz paradiesischer Schönheit auf der bis jetzt so mißbrauchten Erde erstehen.

Selbstbeherrschung

Unberechenbar und schwankend ist in der heutigen Zeit der in der Stofflichkeit, der Nachschöpfung, weilende Menschengeist, der nach dem Willen des Schöpfers nur ein beständiges frohes Wirken und Aufwärtsstreben kennen sollte.

So klar und rein die Wege des Menschengeistes in den überirdischen lichten Gefilden sind, so verworren und dunkel sind sie im irdischen Bereich. Und dies, obwohl die Liebe des Schöpfers auch hier auf Erden ein Paradies vorgesehen hatte, das im Glanze seiner ewigen Gnade den zu ihrer Entwicklung in der Nachschöpfung weilenden Menschen so lange eine zweite Heimat werden sollte, bis ihr Geist reif war für das Paradies im geistigen Reich, das Reich des ewigen, freudevollen Schaffens.

Klar und einfach ist alles Geschehen in der gesamten Schöpfung; auch der Menschengeist vermag es innerhalb seiner Grenzen zu erfassen, wenn es nicht über seinen Ursprung, das Menschenparadies, hinausgeht.

Doch der Mensch von heute verschließt sich engherzig höheren Erkenntnissen. Zu sehr hat er sich an die Materie gebunden. Jetzt aber ist plötzlich die Zeit da, in der er sich von ihr lösen muß, will er den traurigen Zustand beenden und sich von neuem der aus lichten Höhen zufließenden Kraft bedingungslos öffnen. Die ganzen Umstände und Geschehen drängen geradezu zu diesem Schritt.

Das Lösen bedeutet hier nichts anderes als das zur Materie gehörende Irdische von einem höheren Standpunkt aus zu betrachten, jederzeit darüberzustehen, mit anderen Worten: die Materie zu meistern.

Nur der Geist des Menschen ist seiner Herkunft nach fähig, diese höhere Ebene einzunehmen. Er allein hat den erforderlichen Überblick und versteht die Zusammenhänge im Schöpfungsweben. Zur Hilfe für sein irdisches Wirken ist ihm der irdische Verstand als Werkzeug mitgegeben. Auch er gehört genaugenommen zur Materie, weil er sich aus den

im vergänglichen Vorderhirn entstehenden Gedanken zusammensetzt; denn alle Materie ist vergänglich.
Um nun in die Lage zu kommen, den verlorenen festen Boden in seinem Lebenskreis zurückzugewinnen, darf der Mensch als wichtige Hilfe die Selbstbeherrschung nicht vergessen. Sie ist eine Angelegenheit des Geistes und eng mit dem Sichselbstbewußtsein verbunden. Wird er sich erst einmal bewußt, daß sein Ich, sein Kern Geist ist, dann wird ihm diese Erkenntnis die Selbstbeherrschung wesentlich erleichtern.
Sie bringt die Beherrschung des Körpers in natürlicher Weise mit sich. Zu ihm gehören außer dem Verstand noch die Triebe, die in Verbindung mit dem Verstand das Gefühl hervorrufen. Aus dem Zusammenwirken von Verstand und Gefühl entsteht die Phantasie.
Die Temperamente sind hier ebenfalls einzuordnen, weil sie von der Ausstrahlung des Blutes abhängig sind, die wiederum im Gehirn eine entsprechende Auslösung hervorruft. Sie alle gehören zur Materie.

Ein selbstbeherrschter Mensch achtet darauf, seine Gedanken und damit seinen Verstand dauernd unter Kontrolle seines Geistes zu halten; dadurch zügelt er Triebe und Temperament und weist Gefühl und Phantasie in ihre natürlichen Grenzen.

Richtig gelenkt sind die im Gefühl sich äußernden Triebe des Körpers förderlich und nützlich für den Menschen. Sobald er aber die Herrschaft darüber verliert und Zügellosigkeit hervorbricht, wird er ein Spielball seiner Gefühle, die ihn unberechenbar und launenhaft machen und ihn zuletzt vor üblen Taten nicht zurückschrecken lassen. In ihrer Unbeherrschtheit sind sie imstande, eine Quelle übelster Leidenschaften aller Art zu werden.

Johann Gottlieb Fichte sagte mit Recht: »Die Wurzel aller Sittlichkeit ist die Selbstbeherrschung.« Denn das Gegenteil, das Sichgehenlassen, hat schon viel Leid verursacht, manchen Hang zum Schlechten großgezogen, der dem Urheber und seiner Umgebung arg zu schaffen machte und nur mit aller Anstrengung zu überwinden war. Wie oft schon ist durch Mangel an Selbstbeherrschung und Bildung die notwendige Rücksichtnahme auf die Mitmenschen schwer mißachtet worden.

Letzten Endes sind es auch fehlende Selbstbeherrschung sowie damit zusammenhängende Willensschwäche und verantwortungsloses Sichgehenlassen, die zum Beispiel auch den Weg für die Rauschgiftsucht öffnen. Mögen die Motive dafür noch so vielfältig sein: Neugier, Vereinsamung, Langeweile, Verwahrlosung, Beseitigung von Konflikten oder das Sichbetäubenwollen aus irgendeinem Grund.

Die giftigen Chemikalien beeinflussen das Gehirn über das Blut. Man stelle sich vor, welche Verwirrung diese Giftstoffe in dem empfindsamen Schaltwerk der Gehirnzellen verursachen und wie das an sich schon allgemein geschwächte Kleinhirn, das die Verbindung zum Sonnengeflecht und zur Seele herstellt, weiterhin lähmenden Einflüssen ausgesetzt wird.

Längerer Haschischgebrauch führt zum Beispiel zu Leistungsschwäche im Gehirn, zu Gedächtnisstörungen und verminderter Reaktionsfähigkeit. Bei Reihenuntersuchungen an jüngsten Drogensüchtigen wurden im Gehirn Veränderungen festgestellt, wie man sie sonst nur bei Hirnverkalkung im hohen Alter findet. Die oft angeführten »übersinnlichen« Wirkungen des Rauschgiftes sind rein irdisch-materieller Natur. Zur Materie, also zum Irdischen gehören aber, wie schon erwähnt, der Erdenkörper mit den Nerven und dem Großhirn, die beide maßgebend beteiligt sind an dem Entstehen von Gedanken, Verstand, Gefühl und Phantasie. Diese sind zwar feiner als der Erdenkörper, gehören aber trotzdem noch zur Materie.

Allein in dem Bannkreis dieser feineren grobstofflichen Materie bewegen sich durchweg die Wunschtraumgebilde, der Farbenrausch und das sogenannte Glücksgefühl der Drogensüchtigen. In Wirklichkeit werden die Gedanken, das Gefühl und die Phantasie in hohem Maße verwirrt, was wiederum zu großen Irrtümern und Täuschungen Anlaß gibt.

Gerade die »gehobene Stimmung«, die sich manchmal am Anfang zeigt, ist sehr trügerisch, weil sie etwas vorgaukelt, das unwirklich ist. Die Umkehrung tritt schnell genug ein, und schwere Depressionen, wenn nicht sogar Siechtum und Frühtod, sind die üblen Folgen der Drogenabhängigkeit.

Wieder einmal begeht der Mensch eine Selbstzerstörung. In diesem Fall durch Gifte, die er sich selbst zuführt. Das alles kann vermieden werden, wenn er sich dazu aufraffen würde, sich in der Selbstbeherrschung zu üben. Das Erdenleben bietet jederzeit genügend Möglichkeiten dazu, sei es im allgemeinen Umgang mit den Menschen, in Haus und Schule, beim Essen und Trinken und sogar in den Stunden der Erholung. Jedoch gehört dazu eine ernsthafte dauernde Anstrengung.

Der Erfolg zeigt sich schließlich in der Harmonie des Geistes mit dem Körper, was zum Beispiel auch in der Leichtigkeit und Schönheit der Bewegungen zum Ausdruck kommt. Aufgrund dieser Harmonie vermag sich der Mensch überhaupt erst richtig zu entfalten.

Es ist ein hohes Ziel, ein Mensch zu werden, der sich mit der Reife seines Geistes in jeder Lebenslage vorbildlich zu beherrschen weiß.

Durch Wissen zur Überzeugung

Wenn auch Jesus Christus in dem damals berufenen Volk der Juden geboren wurde und dort seinen Wirkungskreis hatte, so war das von ihm verkündete Wort der Wahrheit doch nicht nur für das Volk der Juden, sondern für die ganze Menschheit bestimmt. Das kommt ganz klar in einer Aufforderung an seine Jünger zum Ausdruck, in alle Welt zu gehen und den darnach verlangenden Seelen das Wort der Wahrheit zu bringen.

So wurden die Worte Jesu der Nachwelt überliefert und zur Grundlage des Christentums, das die höchsten Anforderungen und die größte Regsamkeit für den Menschengeist bedingt, wenn es wahrhaftig und gottgewollt sein soll.

Nur derjenige, der das von Christus verkündete Wort richtig aufnimmt und es so in sich verarbeitet, so zum Leben bringt, daß es auch nach außen hin zur Tat wird, verdient es,

Christ genannt zu werden. Denn nicht die Glaubensgemeinschaft macht den Christen, sondern das Wort Christi, wenn es von den Menschen voll erfüllt wird.

Es gilt vor den Gesetzen des Allerhöchsten nur, wie der Mensch innerlich ist, was er auch sonst in seinem Erdenkleide sein mag. Der Wert eines Menschen in der Schöpfung hat zum Beispiel mit seinem Erdenberuf, mit der Art, wie er seinen Lebensunterhalt bestreitet, sehr wenig zu tun, hängt aber eng zusammen mit dem, was »Herzensbildung« und »Taktgefühl« genannt wird. Ein Handarbeiter mit Herzensbildung gilt vor Gott mehr als ein König ohne eine solche!

Diese innere Bildung ist es auch, die den Menschen erst zum Menschen macht und die ihn in den Worten des Gottessohnes das erkennen läßt, was gerade er zu seinem geistigen Aufstieg braucht.

Aus dem vorerst kindlich reinen Glauben, den Jesus dem damaligen Auffassungsvermögen der Menschen entsprechend forderte, hätte dann allmählich in weiterer Entwicklung durch wissendes Erleben der Gesetze und Gebote Gottes die innere Überzeugung erstehen können.

So sollte es sein. Aber schon lange fehlt dazu die einst gültig gewesene Grundlage: der kindliche Glaube, geboren aus Einfachheit und Natürlichkeit.

Denn die Mehrzahl der Menschen hat ihr Verstandesdenken inzwischen so geschult, ihre Denkwerkzeuge so scharf geschliffen, daß der einfache Glaube immer mehr zurückgedrängt wurde und schließlich ganz verlorenging.

Daher muß nun anstelle dieses Glaubens jene Überzeugung treten, die nur durch rücksichtsloses Abwägen und Prüfen aus dem wahren Wissen gewonnen werden kann.

Hierunter ist aber nicht nur verstandesmäßiges Beurteilen zu verstehen, das die Grenze des Irdischen nicht zu überschreiten vermag; darüber hinaus muß die Empfindung einsetzen, welche durch die Tätigkeit des Geistes hervorgerufen wird, und die allein fähig ist, alles »Übersinnliche« zu erahnen und zu erfassen.

Wahres Wissen ist geistiges Wissen, welches das Wissen von Gott und seinen Gesetzen zum Inhalt hat und von ihren Auswirkungen in der sichtbaren und unsichtbaren Schöpfung.
Wer das Wissen über die Geheimnisse des Lebens erlangen will, muß sich dem Gotteswillen in seinen Gesetzen anpassen und diese ausführen.
Da nun der Schöpfer die ewige Vollkommenheit ist und infolgedessen auch sein Wille, der in den Schöpfungsgesetzen verankert ist, so wird auch jedes Wissen, das sich der Mensch aufgrund der Schöpfungsgesetze erwirbt, richtig sein.
Es wird überall, wo es auch angewendet wird, Harmonie auslösen, weder Lücken noch Zweifel aufkommen lassen, weil es natürlichen, gesunden Boden hat, auf dem es auch im Besitz der Erdenmenschheit blühen und gedeihen kann.
Ein Mensch, der geistiges Wissen in sich trägt, das Wissen von den wunderbaren Gottgesetzen in der Schöpfung, zu denen auch die Naturgesetze gehören, von ihrer absoluten Unbe-

stechlichkeit und strengen Gerechtigkeit, von der Liebe und Gnade, die in ihnen verborgen wirkt, von Schuld und Sühne, welche der Mensch durch diese Gesetze lösen kann –, einem solchen Menschen ist es nicht möglich, dieses Wissen nach außen hin zu verbergen; er muß es selbst leben und seinen Mitmenschen vorleben.

Ein solcher Mensch kann nur Frieden und aufbauende Gedanken um sich verbreiten, Zufriedenheit und frohe Zuversicht, Streben nach freudiger Erfüllung des Gotteswillens, er wird sowohl seinem Nächsten wie auch seinem Volke ein treuer Helfer und Förderer sein in jeglicher Beziehung.

Betrachten wir von diesem Gesichtspunkt aus das Wissen der heutigen Menschheit, so bleibt von dem wahren Wissen nicht viel übrig, aber dafür erschuf sich der Mensch ein eigenes Wissen, das er nach seinem Willen gestaltete, ohne den Gotteswillen zu berücksichtigen. Den Zusammenbruch dieses menschlichen Eigenwissens erleben wir heute mit aller Deutlichkeit.

Dem ernsthaft suchenden Menschen aber bleibt nichts anderes mehr übrig, als sich das Schöpfungswissen anzueignen, das ihm als wahres Wissen aus dem Lichte der Wahrheit noch einmal geboten wird, damit er jene Stufe der Reife erreichen kann, die er jetzt in der großen Weltenwende einnehmen muß.

Trug einst der kindlich einfache Glaube des Menschen eine unbestimmte Sehnsucht nach Reinem und Hohem in sich, die zum geistigen Reifen weiterhalf, so muß heute das neue Schöpfungswissen den Geist wecken und in Demut reifen lassen, bis er seine innerste Überzeugung gefunden hat.

In dieser Überzeugung ruht die wahre Gottanbetung, die sich darin äußert, daß der Menschengeist die Gesetze Gottes beachtet und befolgt, nicht nur mit seinem Wollen, Denken und Reden, nicht allein zu bestimmten Zeiten und Stunden, sondern ohne Unterlaß auch durch die Tat.

Anpassung, aber wie?

Eine lebenswichtige Notwendigkeit, welche die Natur genau beachtet, kennt mit wenigen Ausnahmen der Mensch nicht mehr: die natürliche Anpassung! Er ist unfähig geworden, noch jene Anpassung zu bewältigen, die seinen Geist fördert und veredelt.
Der Begriff »Anpassung« wurde besonders in dem Bereich menschlichen Zusammenlebens arg verbogen. Mag es sich dabei um falsche Anpassungen an schädigende Gepflogenheiten in Ehe und Familie handeln oder um eine mehr oder weniger erzwungene Anpassung an natürliche Gesellschaftssysteme.
In den Bereichen der Natur gilt eine richtige Anpassung als selbstverständlich. Jedes Tier, jede Blume, jeder Baum passen sich der Umgebung an, in der sie leben, der Zone, dem Klima, den Strahlen der Erde und der Sterne. Ob das in der Eisregion, in großer Hitze, im Wasser, in

der Luft vor sich geht, überall finden wir eine vollendete Anpassung an die natürlichen Gegebenheiten.

Diese selbstwirkende Anpassung ist nur eine der vielseitigen Auswirkungen des Gesetzes der geistigen Bewegung!

Der Mensch allein verschließt sich freiwillig dieser alles belebenden, den Geist erfrischenden Bewegung, die auch ihn überall zu einer gesunden Anpassung anspornen würde. Sein Erdverstand läuft zwar auf Hochtouren, aber sein Geist ist zu träge geworden, sich dem geistigen Kraftstrome, der die Schöpfung bewegt, bewußt zu erschließen und ihn fördernd und aufbauend zu nützen.

Sonst sähe es heute anders auf der Erde aus. Harmonie und Frieden würden sich ausbreiten, und fröhliches Schaffen allerorts zu finden sein.

Schon in den Zehn Geboten sind in Wirklichkeit genug Hinweise für eine echte Anpassung enthalten, deren Befolgung nur Glück und Freude bringt. Vor allem, wenn erkannt wird, daß zum Begriff der Anpassung im mensch-

lichen Leben auch dies gehört: dem Nächsten durch irgendein Begehren keinen Schaden zuzufügen!
Der heutige Mensch befindet sich in einer schweren Anpassungskrise, weil er als einziges Geschöpf es seit Jahrtausenden unterlassen hat, jene Anpassung durchzuführen, die ihn überhaupt erst zu einer vollbewußten Persönlichkeit werden läßt: die unbedingte Anpassung seines Geistes an die Schöpfungsgesetze! Hierzu gehören auch die Naturgesetze, ohne die z.B. die Forschung nicht auskommt, wenn sie Erfolg haben will. Denn die Kräfte der Erde, des Wassers, der Luft und des Feuers zu nutzen, bedeutet nichts anderes, als sich den in ihnen zum Ausdruck kommenden Gesetzmäßigkeiten anzupassen.
Aber leider wird auf diesem Gebiet die natürliche Anpassung oft zum Fluch, wenn die Forschungsergebnisse und Erfindungen dazu mißbraucht werden, Menschen und Tiere zu quälen, zu vernichten und die Umwelt zu verschmutzen.
Wer nun beginnen will, sich mit den Schöp-

fungsgesetzen zu befassen, als da sind das Gesetz der Bewegung, das Gesetz des Kreislaufes, das Gesetz vom Ausgleich zwischen Geben und Nehmen, das Gesetz vom Säen und Ernten (Gesetz der Wechselwirkung), das Gesetz der Anziehung der gleichen Arten und das Gesetz der Schwere, der öffnet sich allmählich den Weg zu einer Anpassung an den Willen Gottes. Denn etwas anderes als der Wille Gottes kann in den Gesetzen, die sein Werk sind, nicht zum Ausdruck kommen. Und alle diese Gesetze gelten nicht nur für den Bereich der Natur, sondern auch für das menschliche Leben.

Wenn der Mensch mit den alttestamentarischen Vorstellungen von Gott nicht oder nicht mehr zurechtkommt, wenn er bestrebt ist, sich einen neuen Begriff von Gott zu formen, dann sollte er versuchen, endlich bei der Schöpfung und ihren Gesetzen zu beginnen. Immer findet er darin eine unvergängliche Größe (Konstante), ein allumfassendes, einheitliches Ganzes, das ihm festen Halt bietet und ihn nicht so leicht wanken läßt.

Man kann sagen, die Schöpfung und ihre Gesetze machen ihn mit der Sprache Gottes vertraut.
Auf diese Weise vermag der Mensch verläßlich sein Leben zu meistern und seine Persönlichkeit zu entfalten. Es eröffnet sich ihm ein ganz neues Weltbild, in dem er sich selbst wiederfindet als ein Geschöpf, das seine Herkunft, sein Ziel und seine Aufgabe wie eine Offenbarung kennen und begreifen lernt.
Schließlich erreicht er jene Entwicklungsstufe, auf der er den Willen seines Gottes erkennt und anerkennt und damit auch Gott selbst, der unnahbar außerhalb seiner Schöpfung thront und nur seinen Willen in Form der Schöpfungsgesetze in sein Werk hineingewoben hat.
Das ist die höchste Stufe der Anpassung, die der Mensch erreichen kann: die Anpassung seines ganzen Lebens an den Willen Gottes, an seine Gesetze und seine Gebote.
Dann wird er allmählich auch die staatlichen und gesellschaftlichen Einrichtungen und alle anderen Bereiche den unabbiegbaren Gesetzen der Schöpfung anpassen. Und eine solche

rechte Anpassung kann nur Frieden, Freude und Aufstieg bringen!

Die Worte »aggressiv« und »Aggression« haben keinen guten Klang. Sind sie doch immer irgendwie mit feindseligem Denken und Tun verbunden.
Auf der Suche nach Motiven für das aggressive Verhalten des Menschen ist man sich nicht einig. Vor allem wird die Frage diskutiert, ob dafür eine soziale Grundlage vorhanden ist oder eine biologische, das heißt, ob es angeboren ist. Ist erst einmal die Ursache gefunden, so läßt sich alles weitere ohne Schwierigkeiten davon ableiten.
Vor unerdenklich langen Zeiten übernahm der Mensch in seinem geistigen Anfangsstadium als Erdenkörper die Endform einer Tierart, die danach ausstarb. Die Tiere glichen den heutigen Menschenaffen.
Ganz allmählich hat der Mensch, bedingt durch seine geistige Art, die Tierkörper in vielen Erdenleben dem menschlichen Verhal-

ten angepaßt. Aber schon sehr früh machte er dabei einen folgenschweren Fehler, aus dem die Erbsünde entstand. Er maß einem als Werkzeug bestimmten Körperorgan in aufkommender Eitelkeit und beginnendem Machtstreben eine zu große Bedeutung bei und züchtete es über jedes Maß hinaus.

Gemeint ist das Großhirn oder das vordere Gehirn und der daraus hervorgehende Verstand, der mit dem stetigen Größerwerden des Gehirns übermächtig wurde und schließlich den Geist des Menschen unterdrückte, anstatt, wie vorgesehen, ihm als Werkzeug zu dienen.

Hierin liegt die Wurzel allen Übels, die vererbte Sünde, indem die Veranlagung zu einem überzüchteten Gehirn immer wieder vererbt wird und damit die Gefahr, neue Sünden großzuziehen.

Hier liegt auch die biologische Ursache für das aggressive Verhalten des Menschen, das mit einem angeborenen »Urtrieb« nichts zu tun hat und so alt ist wie die Erbsünde. Seine unverwischbaren Spuren sind durch die Jahrtausende der Weltgeschichte zu verfolgen.

Dieses falsche Verhalten zeigt sich je nach dem Grad der Überzüchtung des Gehirnes und der daraus folgenden Unterdrückung und Einengung des Geistes in Streitsucht, feindseligem Verhalten bis zur Rücksichtslosigkeit, Willkür, Gewaltanwendung, Zerstörung, Boshaftigkeit und Brutalität.
Allein schon die seit Jahrtausenden geführten Kriege sind ein unumstößlicher Beweis dafür; seien es nun Religionskriege, Erbfolgekriege, dynastische Kriege, Bürgerkriege, Eroberungskriege und welche Arten es auch sonst sein mögen.
Daran zeigt sich deutlich genug, wie wenig sich die Menschheit um die von Gott gestellte Aufgabe gekümmert hat, nach himmlischem Vorbild ein Paradies auf Erden zu errichten!
Nach einer Schätzung im Jahr 1950 gab es seit 3875 Jahren nur 323 Friedensjahre, dagegen 8250 Friedensschlüsse!
In all den Jahrtausenden war es ein dauerndes Auf und Ab, ein Sieg der Ungerechtigkeit folgte dem anderen, die wechselwirkend dann wieder Niederlagen und Untergänge nach sich

zogen, weil noch nie durch den Krieg der Menschen bzw. der Stämme, Völker und Nationen eine wirklich gerechte Entscheidung herbeigeführt wurde, die einen echten Ausgleich ringender Kräfte gebracht hätte.

Krieg und Kampf, wie die Menschen ihn führten und führen, sind immer nur der Ausdruck der vom herrschenden Verstand ins Dunkel abgebogenen geistigen Kraft, was nur Verbrechen und Vernichtung zur Folge hat.

Den gemeinsamen Kampf für die Gottgerechtigkeit, das Ringen um geistige Erkenntnisse, um das Einhalten der Gottgesetze, kennen die Menschen nicht mehr. Dazu müssen sie erst wieder heranreifen.

Um so hartnäckiger kämpfen sie dagegen um irdischen Einfluß und Macht, um irdischen Besitz und eigenwilliges Herrschenwollen.

Das liegt aber nur in ihrem unnatürlich groß gezogenen Verstand begründet, der nach der ursprünglichen Bestimmung ausschließlich für irdisches Begreifen als Werkzeug des Geistes dasein sollte.

Wenn heute von einer Ohnmacht der Aggressionsforschung gesprochen wird, wenn man die Quelle, welche die menschliche Aggression speist, nicht finden kann, dann sollte man sich intensiv mit der Fehlentwicklung des Großhirnes befassen, für die allerdings nicht die Natur, sondern der Mensch selbst verantwortlich zu machen ist.

Allein schon die schlechten Umwelteinflüsse, die sich der Mensch schafft, wie auch die Überforderung der Gehirne der jungen Menschen in der Erziehung und im Unterricht, haben einen unheilvollen Einfluß auf diese Entwicklung. Von der Art der Schulung der Gehirne hängt es mit ab, ob die Jugend überhaupt aggressiv ist oder in welchem Maße sie es werden kann.

Der Menschengeist selbst ist seiner Natur nach nicht aggressiv. Seine geistige Art kennt nur aufbauendes und friedvolles Schaffen!

Das bedeutet aber nicht, daß die Friedensliebe in ein bequemes und feiges Nichtkämpfenwollen ausarten soll.

Das friedevolle Schaffen verlangt von dem Erdenmenschen stärkste Regsamkeit, verbunden mit höchster Wachsamkeit in geistiger und irdischer Beziehung, um andrängendes Übel jeder Art rechtzeitig zu erkennen und mit Gedanken und Taten zu bekämpfen. Dazu gehören im irdischen Bereich auch die Wehrertüchtigung und die Bereitschaft, im Notfall das Vaterland besonnen und mutig gegen eindringende Feinde zu schützen und zu verteidigen. Die Aggressivität wird nicht, wie heute gelehrt wird, durch antiautoritäre Maßnahmen wie z.B. durch »freies«, das heißt zügelloses Ausleben des Geschlechtstriebes aus der Welt geschafft, sondern durch Auferweckung des Geistes, der allein in der Lage ist, ausgleichend zu wirken, den Körper und seine Triebe zu veredeln und so eine reine Atmosphäre des Friedens zu schaffen!

Falscher und natürlicher Zwang

Frei von Zwang. Diese Worte werden gebraucht, wenn in einem Dokument besonders betont werden soll, daß der darin zum Ausdruck gebrachte Entschluß aus freiem Willen gefaßt wurde, also ungezwungen und ohne Beeinflussung.

Das Gegenteil ist dann der durch Zwang eingeschränkte oder ganz unterdrückte freie Wille. Das zeigt sich in vielen Arten.

Es gibt Zwangsarbeit, Zwangserziehung, Zwangsmaßnahmen, Familienzwang, Zwang der Gesellschaft; man stöhnt unter dem Zwang der Verhältnisse, der Gepflogenheiten, der Gewohnheiten, oder man befindet sich in einer Zwangslage und beugt sich schließlich dem Zwang der Tradition.

Auch der einzelne Mensch legt sich mancherlei Zwang auf. Er leidet unter dem Zwang zum Grübeln, unter Zwangsbewegungen und Zwangshandlungen. Und wer kennt nicht

Zwangsvorstellungen, seelische Vorgänge und Denkvorgänge, die sich einem immer wieder aufdrängen und oft trotz besserer Einsicht, trotz ihrer Unsinnigkeit nicht aufgehoben werden können.

Etwas Gutes ist in all diesen Ausdrücken nicht enthalten, weil der Mensch den Begriff »Zwang«, wie so vieles andere, entwertet und verbogen hat. In Wirklichkeit ist der natürliche Zwang schon von Anfang an als ein Ergebnis der schöpfungsgesetzmäßigen Auswirkungen vorhanden.

Als aber der Mensch immer mehr seinen Geist einengte und seinem nur irdisch orientierten Verstand die Oberhand gab, begriff er den natürlichen Zwang nicht mehr, der von der Wärme des Geistes getragen wird.

Ihm setzte er den kalten, ins Gegenteil verkehrten Zwang des Verstandes entgegen, der sich auf Machtgefühle, Drohung, Erpressung und Gewalt gründet.

Schon seit Jahrtausenden üben Menschen an ihren Mitmenschen einen solchen Zwang in den verschiedensten Formen aus.

So versuchte immer ein Teil der Menschheit den anderen in seiner gottgewollten Entwicklung zur Geistesreife zu stören oder ganz zu unterdrücken und dem aufstrebenden Mitmenschen das Recht auf eigene Persönlichkeit, auf eigenes Denken und Wollen streitig zu machen. Denken wir zum Beispiel nur an die verschiedenen Formen der Sklaverei, an die Leibeigenen, an die Inquisition.

Erinnern wir uns an den Grundsatz der kirchlichen Territorialsysteme, der im Augsburger Religionsfrieden von 1555 festgelegt wurde: »Wer das Land beherrscht, bestimmt auch die Religion« (cuius regio, eius religio). Untertanen, die sich weigerten, die landesherrliche Religion anzunehmen, konnten zur Auswanderung gezwungen werden. Auch hier zeigte sich ein grober Verstoß gegen die freie geistige Entwicklung der Person.

Das alles steigerte sich bis in die heutige Zeit hinein. Zwar wurde in vielem die Form geändert, aber das Grundübel bleibt: ein absolutes Machtstreben mit bewußter Unterdrückung der geistigen und irdischen Entwicklung des

Nebenmenschen zum eigenen Vorteil, unter Verwendung aller möglichen Zwangsmittel.

Eines ist dabei aber zu bedenken, das sich wie ein schwerer Druck auf diejenigen legt, die den falschen Zwang ausüben: die Verantwortung!

Wer einen Menschen zu irgend etwas zwingt, sei es durch eine Handlung, Duldung, Unterlassung, das nicht mit den Schöpfungsgesetzen übereinstimmt, macht sich schuldig und muß die Verantwortung dafür übernehmen, was der Betreffende unter dem auferlegten Zwang denkt und tut. Das beginnt bei der Einschränkung der äußeren Handlungsfreiheit und steigert sich bis zur zwangsweisen Bindung des Geistes durch Hypnose.

Viele sehen aber gerade die heute in immer größerem Maße angewandte Hypnose als harmlos an. Das Gegenteil ist der Fall!

Selbst eine Einwilligung des mit Hypnose Behandelten befreit den Ausübenden nicht von der Verantwortung, weil freier Wille und Verantwortung nach der Schöpfungsordnung nicht zu trennen sind.

Bei der Hypnose wird aber der Geist gebunden und sein freier Wille lahmgelegt. Infolgedessen geht logischerweise die Verantwortung auf den über, der diese Bindung des Geistes herbeigeführt hat. Von einem gebundenen, unfreien Geist kann eine Verantwortung nicht verlangt werden. Sie lastet daher für alles, was der mit Hypnose Behandelte tut oder unterläßt, allein auf dem, der die Hypnose ausübt.

Dem vom Verstand ausgehenden unnatürlichen Zwang steht also der natürliche Zwang der Schöpfungsgesetze gegenüber, der in seiner Auswirkung nicht zu übersehen ist.

Nehmen wir an, ein Bauer will Weizen säen. Er weiß genau, daß er dazu keinen Roggen nehmen darf, wenn er als Frucht Weizen ernten will. Also zwingen ihn die Naturgesetze, die ja nur ein Teil der Schöpfungsgesetze sind, Weizen zu säen. Er steht demnach unter ihrem Zwang und muß sie genau befolgen, sich ihnen beugen, um für ein bestimmtes Samenkorn ein Vielfaches an gleichartigen Körnern zu bekommen.

Da ist doch der Schritt nicht mehr weit bis zur

Erkenntnis, daß auch der Mensch unter dem unabänderlichen Zwang der Schöpfungsgesetze steht und für sein übles Denken und Tun in der Rückwirkung nur Übles zu erwarten hat und für gute Taten nur Gutes. Er bekommt beim Säen immer nur die gleiche Art als Ernte, ob das nun Pflanzensamen sind oder in die feinere Stofflichkeit »gesäte« Gedanken und Empfindungen. Verwechslungen sind durch die Unbestechlichkeit der Schöpfungsgesetze ausgeschlossen.

Viele meinen nun, das Gesetz vom Säen und Ernten, auch das Gesetz der Wechselwirkung genannt, gelte nur für das irdische Säen; es wäre noch zu überblicken, weil der Säende um sein Säen weiß!

So einseitig sind jedoch die Gottgesetze nicht, daß sie nur für einen Teil der Schöpfung wirksam sind. Das Gesetz der Wechselwirkung ist, wie alle anderen Schöpfungsgesetze für die ganze Schöpfung gültig, für das Diesseits und Jenseits, also auch für irdisch nicht sichtbare Vorgänge, zu denen das Formen der Gedanken und Empfindungen gehört. Die Ernte der von ihm gelegten Saat muß der Mensch zu dem Zeitpunkt empfangen, der sich zwangsläufig aus dem Wirken der Schöpfungsgesetze ergibt. Er ist zwar frei in der Wahl seiner Entschlüsse infolge des seiner geistigen Art eigenen freien Willens, aber die Folgen daraus stehen wiederum unter dem Zwange der Schöpfungsgesetze.

Trotzdem ist der Mensch fähig, sich frei von ihrem Zwang zu fühlen, sobald er mit ihnen geht; so, wie er die Strömung eines Flusses nicht spürt, wenn er ihr keinen Widerstand entgegensetzt, sondern mit ihr schwimmt.

Das geschieht nur, wenn er diese Gesetze richtig befolgt und mit ihnen lebt, wenn er sich ernsthaft bemüht, den in den Gesetzen wirkenden Willen Gottes zu erkennen und ihn im täglichen Leben, in seinem Denken, Reden und Tun in die Tat umsetzt.

Wir müssen also unterscheiden zwischen dem natürlichen Zwang, getragen von den in der göttlichen Liebe schwingenden Gesetzen der Schöpfung, und dem kalten, falschen Zwang luziferischer Prägung mit den Merkmalen der

Drohung, Erpressung, Unterdrückung und Gewalt.
Ohne natürlichen Zwang kommt der Mensch nicht aus, er braucht ihn zur Entfaltung seiner Geisteskräfte, ohne ihn würde er erschlaffen und träge werden, sei es nun der Zwang, den die Schöpfungsgesetze direkt bewirken oder der durch Menschen ausgeübte Zwang im Sinne einer strengen und gerechten Liebe! Das gilt schon für die Erziehung der Kinder von Geburt an durch sorgfältige Anwendung eines äußeren Zwanges.
Frei werden von allem falschen Zwang ist daher eine Forderung, die der Gotteswille nun den Menschen stellt, damit ihr geistiger Aufstieg ungehindert beginnen kann.

Verbogene Begriffe

Als sich die Menschen immer mehr dem vergänglichen Irdischen zuwandten, sich daran fesselten und den Geist dadurch vernachlässigten, verengte sich ihr geistiges Begriffsvermögen. Das Formen richtiger Begriffe wurde immer schwieriger, da sie nicht mehr geistig erfaßt werden konnten.

Die Fesselung an das Irdische vollzog der Verstand, der aus dem Irdischen entsteht, weil er sich aus den Gedanken des vergänglichen Gehirnes bildet. Er drängte sich nach und nach in den Vordergrund, unterdrückte den Geist und übernahm schließlich an seiner Stelle die Bildung der Begriffe. Es wurden verbogene Begriffe, die nicht mehr zu der betreffenden Wortbezeichnung paßten. Das Wort blieb zwar bestehen, aber die Vorstellung war falsch, die durch das Wort erweckt werden sollte und aus welcher der Geist dann den Begriff formte.

Denn das Vorstellungsvermögen des Verstandes endet dort, wo sein Ursprung ist: in der Grobstofflichkeit, zu der auch das Irdische gehört. Diese Grenze ist von Natur aus gegeben, der Mensch kann sie nicht selbst setzen oder erweitern. Alle noch so großen und beachtlichen Steigerungen und Verfeinerungen des Verstandes müssen an dieser grobstofflich-irdischen Grenze haltmachen, die nur von der geistigen Empfindung überschritten werden kann. Das wirkte sich besonders nachteilig bei jenen Begriffen aus, die für die geistige Entwicklung von größter Bedeutung sind.

Nehmen wir zunächst als Beispiel das Wort Kreuz. Das richtige Bild zu diesem Wort ist das gleichschenklige, rechtwinklige Kreuz. Es ist das Zeichen göttlicher Wahrheit. Aus Funden und Ausgrabungen geht hervor, daß es sich um ein uraltes, auf Erden bekanntes, vorchristliches Symbol handelt, das heute noch in vielen Kirchen zu sehen ist, teils mit einem Ring umgeben, teils ohne Ring.

Es ist dasselbe Kreuz, das Konstantin I. in der Nacht vor der entscheidenden Schlacht bei Saxa Rubra erschien (312). Er empfand dabei die Worte: »In diesem Zeichen wirst Du siegen!« Das war eine Aufforderung, unter diesem himmlischen Zeichen ein Reich zu errichten, das der Wahrheit diente, so wie sie Christus den Menschen gebracht hatte. Aber diese verstanden das Zeichen nicht und gründeten ein Reich, das nicht der himmlischen, sondern der irdischen Macht und Herrlichkeit den Weg bereitete.

Eine Malerei in einer alten Handschrift des 11. Jahrhunderts zeigt, wie Konstantin seine Truppen an der Milvischen Brücke bei Rom unter dem Zeichen des gleichschenkligen Kreuzes in die Schlacht bei Saxa Rubra führt.

Dieses Kreuz darf nicht mit der Form des Leidenskreuzes von Golgatha verwechselt werden.

Jesus, der aus der Wahrheit kam, kannte das Kreuz der Wahrheit, und deshalb forderte er die Menschen auf, das Kreuz auf sich zu nehmen, also täglich nach der Wahrheit zu leben, sie in den Gesetzen des Schöpfers, zu denen auch die Naturgesetze gehören, zu suchen (Luk. 9,23; Mark. 10,21).

Was aber machten die Menschen aus diesem Begriff? Nehmen wir zunächst die Redensart: »Man hat sein Kreuz mit ihm.« Sie zeigt, wie der hohe Sinn des Kreuzes gerade in das Gegenteil verbogen und ihm die Bedeutung unterschoben wurde: »Man hat seine Last mit ihm!« Mit anderen Worten: »Jemand macht uns Umstände, ist uns lästig.« Aber auch in dem entstellenden Sinne des Kreuzes liegt eine tiefe Wahrheit. Es hat schon seinen Grund, wenn das Kreuz einer Last gleichgesetzt wird. Denn tatsächlich lastet die Wahrheit wie ein Druck auf allen, die sie nicht ernst nehmen oder gar leugnen.

Bei der Redensart »seitdem er eine Frau im Hause hat, ist das Kreuz bei ihm eingezogen«, finden wir ebenfalls den Begriff vom Kreuz entstellt. Gemeint ist, daß mit der Ehe des Mannes das Leid in sein Haus eingekehrt ist, verursacht durch die Frau.

Und doch liegt in dieser Redensart, wenn wir ihre wahre Bedeutung beachten, etwas Hohes und Reines, Verheißungsvolles und Beglükkendes. Gerade durch die Frau sollte die Ehe

und das Heim eine Quelle von Kraft und Freude, eine Stätte natürlicher Erholung für Körper und Geist sein, weil sie durch ihre von Natur aus feinere Empfindungsfähigkeit für die Strahlen aus der Wahrheit aufnahmefähiger ist als der Mann.
Wo also eine Frau im Haus ist, die sich in Reinheit den Strahlen der Gotteskraft öffnet, kann der Segen aus dem Kreuz der Wahrheit nicht ausbleiben, wenn der Mann dieses hohe Streben empfindet und unterstützt.
Ein weiterer Begriff von besonderer Bedeutung für das Geistesleben und für den Weg in lichte Höhen ist die Sehnsucht. Sie ist dem Menschengeiste eingepflanzt, um ihn sicher wieder in seine geistige Heimat, in das Paradies zurückfinden zu lassen, das er vor langen Zeiten verlassen hat. Der wahre Begriff soll in ihm das sehnende Suchen nach der Wahrheit erwecken, nach dem Sinn des Lebens, damit er sich auf seiner Wanderung durch die Nachschöpfung nicht verliere in den Niederungen der Stofflichkeit. Was aber hat der Mensch daraus gemacht? Sehnsüchte aller Art, die auf

Personen und alle möglichen irdischen Dinge gerichtet sind und schließlich ausarten zur sehnenden Sucht nach irdischen Genüssen, nach materiellen Zielen, die ihn hinabziehen, statt aufwärtszuführen.

Betrachten wir einen anderen Begriff, dessen falsche Anwendung schon viel Leid und Unglück hervorgerufen hat: die Freiheit.

Die echte Freiheit darf nicht als irdische Freiheit aufgefaßt werden; sie ist nicht einer äußeren Ungebundenheit und Unabhängigkeit gleichzusetzen.

Wie leicht entsteht daraus das Verlangen, von jeglicher Bindung frei zu werden und auf Kosten der Mitmenschen selbstsüchtige Wege zu gehen, die schließlich in Rücksichtslosigkeit, Zügellosigkeit und Willkür enden. Denken wir nur an das hemmungslose Sichausleben, an das Freimachen von jeglichem äußeren und inneren Schamgefühl.

Die wahre Freiheit liegt auf geistigem Gebiet. Hier muß das Bestreben einsetzen, sich von allen Fesseln geistiger Versklavung zu befreien, seien sie nun ein Hang, eine Sucht, ein unlauteres Begehren, übernommene fremde Anschauungen oder falsche Überlieferungen. Das kann nur geschehen, wenn der Mensch den Willen Gottes, der in seine Gesetze eingewoben ist, kennenlernt und darnach handelt. Wer gegen den Strom schwimmt, ermüdet bald, wird zurückgetrieben und kommt in Gefahr. Wer mit dem Strom schwimmt, macht sich leicht und kommt vorwärts. Das ist eine Gesetzmäßigkeit, die auch für das Geistige gilt. Wer sich gegen die Gesetze der Schöpfung stellt, sie durch unrechtes Tun und Denken mißachtet, bindet seinen Geist an Schicksalsfäden, die ihm Hemmungen und Hindernisse bereiten und ihn schließlich zu Fall bringen können; er wird geistig unfrei. Dieselben Gesetze, die Gutes mit Gutem »vergelten«, bringen ihm als Ernte schlechte Früchte, wenn er die Saat dazu in Form übler Gedanken und Taten ausgestreut hat.

Wer aber mit den Gesetzen lebt, sich ihnen anpaßt, sie beachtet und erfüllt, wird frei von inneren Bindungen und Verwicklungen, und das bedeutet innere Freiheit, geistige Freiheit.

Mit dieser inneren Freiheit, wenn sie wirklich echt ist, hat der Mensch alle Hilfen, die er braucht. Er wird dann auch mit einer äußeren Gebundenheit, die ihn bedrückt, leichter fertig werden.

Auch der Begriff der Liebe ist heute nur noch ein Zerrbild jener idealen Liebe, die Christus die Menschen lehrte, jene Liebe, die hilft und stützt und nur das tut, was den anderen geistig nützt, sei es auch mit gerechter Strenge. Aus dieser idealen Liebe wurde eine Liebe der Schwachheit, Weichlichkeit und Nachgiebigkeit, die vor lauter falscher Rücksichtnahme das wirkliche Ziel, die geistige Förderung, nicht mehr beachtet und nur das tut, was den anderen gefällt. Gerade in dem Verhältnis von Mensch zu Mensch ist die echte Liebe grundlegend.

Von der Strafe Gottes hat sich der Mensch ebenfalls einen Begriff geformt, der nicht der Wirklichkeit entspricht. Wie oft heißt es: »Das ist die Strafe Gottes!« Gott straft aber nicht persönlich! Immer ist es dem freien Entschluß des Menschen überlassen, die Strafe zu bestim-

men, die dann von den Gesetzen Gottes, den Schöpfungsgesetzen vollzogen wird.
Wie das Vollziehen vor sich geht, zeigt deutlich das Gesetz vom Säen und Ernten, von Ursache und Wirkung (Wechselwirkung).
Der Mensch braucht nur seinen Gedanken Reinheit zu verleihen, um keine schlechten Früchte ernten zu müssen. Denkt oder tut er aber Übles, bescheren ihm die Schöpfungsgesetze vervielfacht das gleiche.
Da ihn aber oft harte Schicksalsschläge treffen, die er sich nicht erklären kann, weil er die Ursache dazu vielleicht in früheren Erdenleben gegeben hat, ist er leicht versucht, für die Strafe, also für die Folgen seiner Handlungsweise Gott verantwortlich zu machen, ohne dabei zu bedenken, daß er damit eine Lästerung und Ungerechtigkeit begeht.
Immer liegen Lohn und Strafe für den Menschen in den Wegen der Schöpfung, deren Gesetze unbestechlich die Früchte vermitteln, die er in seinem freien Wollen haben will.
Wenden wir uns zum Schluß zu dem heiligsten aller Begriffe: Gott!

Ein Begriff, der uns die unfaßbare Größe, die unermeßliche Kraft, die Vollkommenheit und Allweisheit des Schöpfers ahnen läßt und ehrfurchtsvolle Liebe und demutsvolle Verehrung in uns wecken sollte.

Wie haben die Menschen der Erde gerade diesen höchsten aller Begriffe immer wieder seit Jahrhunderten mißachtet, mißbraucht, beschmutzt und oft genug zu einer leeren Redensart des Alltags und einer gedankenlosen Grußformel erniedrigt. In der Entwertung des Gottbegriffes zeigt sich der geistige Niedergang der Menschheit am deutlichsten.

Diese wenigen Beispiele für verbogene Begriffe mögen für viele stehen und den Anstoß geben zu dem Bemühen, die Begriffe wieder so zu formen, wie es nach den Gesetzen der Schöpfung richtig ist, damit dem bereits in der Begriffswelt herrschenden großen Verfall Einhalt geboten wird.

Wir schaffen damit allmählich einen gesunden und harmonischen Grund für den Aufbau geistiger und irdischer Werte, während Entstellung und Fälschung der Begriffe Dishar-

monie und Zerrüttung hervorbringen, die sich mit der Zeit in seelischer und irdischer Beziehung hemmend und schädigend auf allen Gebieten bemerkbar machen.
Auch hier sollen uns die Worte Christi als Richtschnur dienen. Wir müssen versuchen, die aus der Wahrheit, also aus Gott kommenden Gesetze und Gebote kennenzulernen, in ihnen seinen Willen zu finden und diesen zu befolgen.

Gott und seine Schöpfung

In der Schöpfung offenbaren sich die Wirklichkeit und Vollkommenheit Gottes, nach denen die Theologie heute fragt und sucht.
Betrachten wir die Wunderwerke der Natur, angefangen bei dem winzigen Bau eines Atoms bis zu den im Gleichmaß sich bewegenden gewaltigen Sternenwelten, dann offenbart sich dem wachen menschlichen Geist eine ewige Ordnung, die vollkommen ist, weil sie aus der Vollkommenheit des göttlichen Willens hervorgeht.
Eine solche Ordnung kann sich nicht aus einem von der Weltschöpfung ungeordneten Urstoff (Chaos) oder aus dem Nichts geformt haben. Es bliebe dann immer noch die Frage: Wer oder was ließ das Chaos entstehen und formte es, oder wer oder was schuf die Ordnung aus dem Nichts.
Keine Lehre über die Entstehung der Welt kann begründen oder verständlich machen,

daß die Welt »aus sich selbst« entstanden sei. Die Frage nach dem letzten Grund, nach der Ursache, bleibt. Sie ist gleichbedeutend mit der Frage nach Gott.

Die Schöpfungsordnung ist eine Formung, eine Gestaltung, die logisch eine Kraft bedingt, durch welche sich die Ordnung vollzogen hat. Für den Ursprung dieser Kraft gibt es nur einen Namen: Gott. Und das, was aus Gott wirkt, ist sein heiliger Wille, der göttliche Wille. Dieser Wille durchzieht alle Schöpfungsteile, ob sie nun sofort erschaffen wurden oder sich erst in langen Zeitläufen entwikkelten oder noch in der Entwicklung begriffen sind.

Die heute in Verbindung mit einer Vorstellung von Gott und seiner Schöpfung oft gestellte Frage: »Evolution« (Entwicklung) oder »Schöpfung Gottes« ist falsch. Denn die Schöpfung enthält beides: Urschöpfung und entwikkelte Schöpfung. Alle Schöpfungsteile aber, die geschaffenen und die entwickelten, haben den gleichen Ursprung aus Gott, weil es nur eine Gotteskraft gibt, aus der alles geformt wurde und sich entwickelte, und dies alles ist den gleichen Gottgesetzen unterworfen.

Die geistige Urschöpfung erstand als erste Schöpfung bei den Worten »Es werde Licht«. Sie befindet sich unterhalb der göttlichen Sphäre. Die in der Bibel im 1. Buch Mose enthaltene Schöpfungsgeschichte über die sieben Schöpfungstage bezieht sich auf diese erste Schöpfung und nicht auf die Erde. Dieser Schöpfungsbericht hat keinen symbolischen Charakter, sondern gibt Erklärung über tatsächliche geistige Vorgänge, die in unermeßlichen Höhen vor sich gingen.

Es ist logisch, daß mit der Schöpfung, die Gott am Anfang (1.Mos. 1,1), also zuerst, schuf, nicht die Erde gemeint sein kann, die am weitesten von Gott entfernt ist und deshalb bis zu ihrem heutigen Zustand einen langen Werdegang hatte.

Wenn wir uns die Worte vergegenwärtigen, die Paulus an die Epheser über Jesus schrieb (Eph. 4,10): »Der hinuntergefahren ist, das ist derselbe, der aufgefahren ist über alle Himmel . . .«, so sagen sie deutlich, daß zwischen der Erde und dem Göttlichen, aus dem Jesus kam, noch geistige Reiche (Himmel) sind. Auch darin liegt ein Hinweis, daß die Erde nicht die erste Schöpfung sein kann.

Gott schuf auch seine Schöpfung nicht aus dem »Nichts«, wie dies allgemein angenommen wird, sondern es war seine schöpferische Kraft, seine Ausstrahlung, die bei den Schöpfungsworten »Es werde Licht« hinausströmte in das lichtlose All. Und aus dieser lebendigen Kraft formte und entwickelte sich alles. In manchen alten Schöpfungsmythen wird der Akt der Schöpfung so gedacht, daß das höchste Wesen die Schöpfung aus sich selbst, und zwar aus seinem Herzen oder anderen Teilen seines Körpers schuf. Diese bildlich symbolische Wiedergabe veranschaulicht deutlich, daß ein »Schöpfungsmaterial« dagewesen ist und auch heute noch da ist, daß also die Schöpfung keinesfalls aus dem »Nichts« entstanden ist.

Es stimmt deshalb sowohl die Schöpfungsgeschichte der Bibel als auch die wissenschaftliche Erkenntnis von der Entwicklung der

Welt. Deswegen braucht keiner in seinem Glauben schwankend zu werden. Denn auch Entwicklung ist gottgewollt. Ein gutes Beispiel dafür ist der Menschengeist selbst. Wenn er auch ewig ist, so ist er doch nicht gleich vollbewußt erschaffen worden. Er muß sich erst aus einem unbewußten »Geistsamenkorn«, das in natürlichem Vorgange aus dem geistigen Reiche (Paradies) »ausgestoßen« wurde, zu einer vollbewußten Persönlichkeit emporarbeiten; in einer Welt, die ebenfalls der Entwicklung unterliegt. Im Kampfe mit ihren fremdartigen Einflüssen soll er seine Erfahrungen sammeln und dabei gleichzeitig durch seinen Geist seine Umgebung veredeln, bis er nach und nach so reif wird, daß er in das Paradies zurückkehren kann. Er ist gleich dem verlorenen Sohn, der wieder in seine geistige Heimat zurückfindet.

Aber auch dort ist er noch unendlich weit von Gott entfernt. Nie kann ein Menschengeist seinem Gott persönlich gegenübertreten, weil Er in unnahbaren Fernen thront. So »nah«, wie sich die Menschen Gott denken, ist Er nicht, denn »so viel der Himmel höher ist denn die Erde, so sind auch meine Wege höher denn eure Wege und meine Gedanken denn eure Gedanken« (Jes. 55,9). Nah ist Gott den Menschen nur dann, wenn ein Stück von ihm (Sohn) in der Nachschöpfung (Welt) weilt.

Doch der Mensch hat die Fähigkeit, Gott an seinen Werken zu erkennen. Er ist in der Lage, von diesen Werken auf ihren Schöpfer zu schließen, auf seine Vollkommenheit und Erhabenheit. Auf diesem Wege kann er nach und nach zu dem rechten Gottesglauben, zur wahren Gotterkenntnis gelangen, zum Erahnen der Größe Gottes.

Weil der Mensch als Geschöpf zu der Schöpfung gehört, ist es nur natürlich, daß er nach seinem Schöpfer und seinen Werken fragt.

Bei normaler geistiger Entwicklung wird der Mensch auch das Bestreben und Sehnen haben, sich mit dem Schöpfer in Verbindung zu setzen. Er wird dabei erleben, daß eine unbedingte Abhängigkeit des Werkes vom Schöpfer vorhanden ist, die es dem Menschen

unmöglich macht, jemals Erschaffer oder Meister selbst zu sein oder zu werden.
Seit der Mensch sich in der Welt aufhält, trägt er diese Sehnsucht in sich. Er hat sie als Erbe aus seiner ewigen Heimat mitgebracht, die Lichtsehnsucht. Sie ist ihm eingepflanzt und leitet ihn sicher dem Ziele zu, wenn er wach bleibt. Mehr und mehr werden durch Funde und Ausgrabungen Anzeichen und Beweise daür gefunden, daß schon in grauen Vorzeiten, weit vor der Zeit der Aufzeichnung des Alten Testamentes, die damaligen Menschen ein höchstes Wesen anbeteten und verehrten. Denn Gott war und ist immer da!

Die zehn Gebote

Wir müssen beachten, daß die Schöpfungsgesetze nicht nur in der uns sichtbaren, sondern auch in der unsichtbaren Welt wirksam sind. Beide Welten sind eng miteinander verbunden und bilden ein Ganzes mit einer einheitlichen Gesetzmäßigkeit. Dabei ist die unsichtbare Welt das Primäre, das zuerst Dagewesene, nach der sich die sichtbare Welt erst entwickelt hat.

Auch der Erdenmensch ist in diesem Sinne ein Ganzes. Er besteht aus dem Erdenkörper und den für seine Entwicklung notwendigen zarteren, nicht sichtbaren Hüllen mit dem Geist als Kern. Legt er die Erdenhülle zusammen mit der sogenannten Astralhülle ab, hat sein Geist nur noch die zarteren Hüllen und wird in diesem Zustand »Seele« genannt. Gäbe es nun für die sichtbare und unsichtbare Welt, also für den Erdenkörper und die Seele, zwei verschiedene Gesetzmäßigkeiten, könnte der Erdenmensch nicht bestehen.

Das alles bedeutet, in natürlicher Weise das Transzendente, das Übersinnliche als wichtigen Faktor in das ernste Forschen mit einzubeziehen, um zu einer wirklichen Lösung zu kommen. Bei einer nur auf das Diesseits begrenzten Betrachtungsweise müssen wir schon bei dem Erdentod haltmachen. Gerade das Wichtigste, nämlich das, was danach kommt, bleibt damit unberücksichtigt.

So gibt es unter Berücksichtigung der Zusammenhänge zwischen Diesseits und Jenseits durchaus Möglichkeiten, das irdische Leben den in der Schöpfung gültigen Gesetzen anzupassen. Jedoch müssen hierbei erst die menschlichen und sachlichen Voraussetzungen geschaffen werden. Daher mögen diese Ausführungen in der gegenwärtigen großen Auseinandersetzung mit dem bisherigen falschen Denken und Tun des Menschen die Richtung weisen für ein zukünftiges natürliches Erdenleben, das sich so eng wie möglich an die Schöpfungsgesetze anlehnt, zu denen auch die Naturgesetze gehören. In Wirklichkeit befolgen wir dadurch nur den Willen Gottes, der sich in seinen Gesetzen zeigt.

Dabei darf es keine Lücken und Mängel mehr geben, um so weniger, wenn auch die Zehn Gebote Gottes mit einbezogen werden, die immer gültig bleiben, solange Menschen auf der Erde sind. Sie sind ein unschätzbarer Wegweiser, wenn sie richtig gedeutet werden. Aber weiß die heutige Menschheit überhaupt, was eine richtige Deutung dieser Gebote für sie bedeutet? Denkt sie daran, daß zum Beispiel im ersten Gebot zu den »Nebengöttern« auch ein Hang gehören kann, dem sich der Mensch versklavt und den er an die oberste Stelle in seinem Leben setzt, sei es nun Geld, Macht oder eine Frau; daß im fünften Gebot nicht nur das irdische Töten gemeint ist, sondern auch ein Ertöten, welches die Seele trifft, indem die Entwicklung von Gaben verhindert, eine Hoffnung erstickt oder ein Vertrauen getäuscht wird?

Macht sie sich beim siebenten Gebot Gedanken darüber, daß zum Eigentum eines Men-

schen auch sein Ruf gehört, den man zum Beispiel stehlen kann durch Untergraben des Vertrauens, welches ein Mensch genießt; und ist ihr beim zehnten Gebot je bewußt geworden, warum der Mensch keinen Grund hat, irgend etwas von dem Besitz seines Nächsten zu begehren, weil jeder in die Verhältnisse hineingeboren wird, die er sich selbst in freiem Wollen vorher geschaffen hat, als Folge seiner Saaten in den verschiedenen Erdenleben?
Gottes Liebe gab die Gebote den Menschen zur Beachtung und Befolgung, damit sie den Weg zum lichten Reiche ewigen Seins gehen können. Dieselbe Liebe ist auch in den ewigen und unabänderlichen Gesetzen verankert, die in der Schöpfung tätig sind. Sie muß schließlich auch von den Menschen in die irdischen Gesetze, wie überhaupt in alles Erdenleben, hineingewoben werden. Doch ist es notwendig, das Verstehen der göttlichen Liebe erst zu erringen, weil sie anders ist als die heutige weichliche und alles verzeihende Menschenliebe.
Göttliche Liebe, deren größter Teil die Strenge

ist, will nur das, was dem Menschen nützt, was ihn geistig fördert und nicht, was ihm gefällt und angenehm ist.

In der großen geistigen Umwandlung, in der wir uns befinden, wird die wahre Liebe wieder erstehen, zusammen mit der wahren Gerechtigkeit. »Denn Liebe läßt sich von Gerechtigkeit nicht trennen; sie sind eins!« (Abd-ru-shin)

Im Weltenteil Ephesus kreist seit Millionen Jahren ein winziger Stern: die Erde, der blaue Planet. Sie ist ausersehen und vorbereitet worden, um den Menschengeistern in ihren verschiedenen Erdenleben eine Wohnstätte zu sein.

So wurde sie zum wichtigsten Treffpunkt der Menschen auf ihrer gemeinsamen Wanderung durch die Nachschöpfung, aber zugleich auch der Wendepunkt auf dem Wege zurück in das Paradies.

Gäste des Schöpfers sollten sie sein, der ihnen den Erdenplan gnadenvoll zu ihrer Entwicklung überlassen hat. Aber der Mensch mißbrauchte die gewährte Gastfreundschaft in arger Weise, und aus der »Krone der Schöpfung« wurde ein dünkelhafter Weltbeherrscher, der nur seinen eigenen Willen kennt und die Erde zu einem Tummelplatz entarteter Geister machte.

Hätte der Mensch stets den Willen Gottes erfüllt, der in seinen Gesetzen zum Ausdruck kommt, würden heute auf der Erde paradiesische Zustände sein. An den jetzt herrschenden, trostlosen Verhältnissen läßt sich ermessen, wie weit die Menschen sich von Gott entfernt und in welcher Weise sich die offenbarten Geschehen bereits erfüllt haben.
Hoffen wir, daß die Zeit nicht mehr allzu ferne ist, in der die mißbrauchte Erde verjüngt und erfrischt ihre Bahn ziehen kann, nachdem sie alles Dunkle abgeschüttelt hat. Dann wird ein neues, in sich geläutertes Menschengeschlecht auf ihr erstehen, das Gott die Ehre gibt, weil es nur nach dem göttlichen Willen lebt.
Den Anfang dazu können die Erdenmenschen schon jetzt machen, indem sie bei der Auswahl der Seelen, die im Jenseits auf eine Inkarnierung warten, mitbestimmen, vorausgesetzt, daß der ernsthafte Wunsch nach einem Kind vorhanden ist.
Die Mitbestimmung, die rechtzeitig, also schon vor der Zeugung erfolgen muß, liegt in der Beeinflussung der Anziehung der Gleich-

art begründet. Wenn Erdenmenschen in immer größerem Erkennen eifrig bemüht sind, das Gute und Reine in sich zu fördern und zur Tat werden zu lassen, ziehen sie auch gleichartige Seelen aus dem Jenseits zur Inkarnierung an. Sie bieten ihnen Gelegenheit zu neuem Erdensein und unterstützen sie bei ihrem geistigen Reifen. Dadurch geben sie eine Hilfe, die wechselwirkend für alle Beteiligten großen Segen verbreitet.

Das wäre dann ein echter Beitrag zur Hebung und Verbesserung der Erdenmenschheit, einschließlich einer gesunden Familienplanung, dem ein sicherer Erfolg beschieden ist. Es ist gleichzeitig ein Beispiel dafür, wie der Erdenmensch in seinem Erdenwirken bewußt das Schöpfungsgesetz der Anziehung der Gleichart anwenden kann, was gleichbedeutend ist mit der Erfüllung des göttlichen Willens.

Die Tugenden kommen von Gott. Sie sind edelste Gaben, die der Schöpfer in den Menschengeist legte. Daher sind die Tugenden ewig und wandeln sich nicht. Sie gehören zu den Fähigkeiten des Geistes, die das ihm anvertraute »Pfund« sind, mit dem er »wuchern« soll, das heißt, daß er seine Fähigkeiten nützen soll, damit sie Segen (Zinsen) bringen.

Doch ist der Mensch nicht gleich mit fertigen Tugenden versehen worden, er selbst muß sie zum Erwachen und zum Erblühen bringen. Dazu braucht er wieder entsprechende Strahlungen aus dem All, die ihm dabei helfen.

Die Ausgangspunkte dieser Strahlungen sind in den höchsten Höhen des urgeistigen Reiches zu finden. Es sind weibliche und männliche Idealgestalten, Vorbilder für alles Menschentum, von denen jede eine Tugend verkörpert. Sie senden ihre Strahlungen in die unter ihnen liegenden Schöpfungsteile, wo sie von vielen Mittlern aufgenommen und weitergeleitet werden bis in die Nachschöpfung, die als Welt bezeichnet wird und die aus verschiedenen Stofflichkeiten besteht. Dazu gehört auch unsere Erde.

Für jede Tugend, für alle Vorzüge, ja für alles, was den Menschen überhaupt innerlich bewegt, ist es nur rein, geben diese »strahlenden Hilfen« Anregung, Belebung und Stärkung, seien es zum Beispiel nun: Treue, Wahrhaftigkeit, Anmut, Bescheidenheit, Fleiß, Heldentum, Mut, Gewandtheit, Pflichterfüllung, Weisheit, Demut oder Barmherzigkeit.

Die alten Völker kannten die Mittler, die in der leuchtenden Helferkette von oben die letzten sind, weil sie diese mit ihren inneren Augen noch zu schauen fähig waren. Sie nannten sie »Götter und Göttinnen«, weil diese ihnen als mächtige Persönlichkeiten erschienen, von denen sie an Kraft und Stärke übertroffen wurden.

Die »Götter und Göttinnen« sind auch noch heute da, obwohl sie von den Menschen in das

Reich des Unwirklichen, Sagenhaften verbannt worden sind. »Götter« sind es allerdings nicht, sondern Diener des Allerhöchsten, Persönlichkeiten, die in edelster Vollkommenheit, unsterblich, jung und ewig schön auf der Höhe des Olymp (Walhall) leben, der unterhalb des menschlichen Paradieses liegt. Von dort aus wirken sie vielfältig hinab in die stoffliche Nachschöpfung, lenken und führen die in der Natur schaffenden Kräfte und Elemente und wirken dabei verbindend, treibend und formend.

Diese Diener des Höchsten und noch viele andere mit ihnen stehen fest in den Gesetzen der Schöpfung und kennen nur eine Aufgabe: Erfüllung des Gotteswillens. Das schließt die ihnen von den Menschen angedichteten Willkürhandlungen aus.

Die alten Völker gaben ihnen ihrer Sprache gemäß verschiedene Namen. So ist der Zeus der Griechen wesensgleich mit dem Jupiter der Römer und dem Odin (Wotan) der Germanen.

Allmählich ging der Glaube an die Götter ver-

loren, weil die Verbindung zu ihnen durch das immer mehr hervortretende materielle Denken des Verstandes unterbrochen wurde. Die hehren Gestalten verblaßten, wurden in der Folgezeit vermenschlicht und von Bildern verdrängt, die menschliche Phantasie schuf.
Der »heidnische« Götterglaube ist in Wirklichkeit nichts anderes als eine Zwischenstufe in der natürlichen Entwicklung der Menschheit zur obersten Stufe der Gotterkenntnis. In dem Ringen nach religiöser Erkenntnis gelangten die Völker des Altertums bis auf diese Stufe, die einem echten inneren Bedürfnis nach Höherentwicklung entsprach. Sie brachte die für die damalige Entwicklung höchste Erkenntnis.
Die oft zwangsweise durchgeführte Abschaffung dieses Götterglaubens im Zuge christlicher Bekehrungen war ein großer Fehler, der viel Blut und Leid kostete. Außerdem war damit ein Beweis für die Unkenntnis der göttlichen Entwicklungsgesetze gegeben. In der irdischen Schule, die nichts anderes ist als eine grobe Nachahmung der großen Lebensschule,

wird auch nicht plötzlich den mittleren Stufen das Wissen der obersten Stufen vorgesetzt und das bisher aufgenommene Wissen als nutzlos abgetan. Denn eine Stufe muß sich auf der anderen aufbauen, nicht eine einzige darf übersprungen werden, sonst gibt es leeren Glauben ohne innere Überzeugung.

Es ist nicht einfach, in den mannigfachen überlieferten Mythen und Sagen den Kern des wahren Wirkens der Götter in der Schöpfung, vor allem in Hinsicht auf den Menschengeist herauszufinden, weil die vielen menschlichen Zusätze, Erweiterungen und Ausschmückungen das Wesentliche kaum erkennen lassen. Deshalb sind auch die folgenden Schilderungen über einige Götter und Göttinnen nur als ungefähre Aussagen zu betrachten.

So finden wir zum Beispiel in Zeus (Jupiter), dem Göttervater und Lenker der Welt, das Idealbild des königlichen Herrschers; ehrfurchtgebietend und würdevoll, streng und gerecht in der Führung seines hohen Amtes. In ihm sah man die Verkörperung des Prinzips unwandelbarer Ordnung und Harmonie. Die

Weisheit seines Rates und die Tiefe seines Wissens wurden besonders geachtet.

In Hera (Juno), dem weiblichen Gegenbild des Zeus, erkennen wir das Ideal der Treue. Der hohe Adel edler Weiblichkeit findet in ihr Ausdruck. Sie ist besonders dem weiblichen Geschlecht eine treue und mütterliche Beschützerin. Man verehrte sie als Hüterin der Ehe und Beschützerin der Gebärenden, welche den Menschen die Achtung vor dem Muttertum einflößte.

Pallas Athene (Minerva) wird mit Helm, Schild und Lanze als wehrhafte Göttin dargestellt. Unbeirrbar und unerschütterlich ist ihr Wirken, das durch scharfblickende Wachsamkeit, Zuverlässigkeit und Gewissenhaftigkeit ausgezeichnet ist. Sie beschirmt, schützt und erhält das Vaterland und begleitet als »Kriegsgöttin« das ausziehende Heer, wenn es gilt, das Vaterland zu verteidigen.

Appollon (Apollo) ist der sieghafte Kämpfer gegen alles Unreine und Böse, gegen die Mächte der Finsternis; die Gabe der Weissagung ist ihm zu eigen. Er soll den Menschen

für das geistige Aufwärtsstreben den Rat gegeben haben: »Gib dich selbst auf.«
Artemis (Diana) leuchtet in ihrer jungfräulichen Würde als ein Vorbild der Reinheit und der guten Sitten. Auf blumigen Wiesen führt sie mit ihren Nymphen liebliche Reigentänze auf. Sie wurde besonders von den jungen Mädchen verehrt.
Ares (Mars) vermittelt Kraft, Mut und freudige Kampfeslust. Der von ihm betreute Stern »Mars« wirkt ebenfalls seiner Gleichart entsprechend anregend und erregend. Durch seine Strahlenkräfte, wie auch durch die Strahlungen der anderen Planeten, formten sich Metalle, Pflanzen und Steine auf der Erde.
Aphrodite (Astarte, Venus) ist die Göttin der Schönheit und Fruchtbarkeit. Heilig war sie allen Völkern, die nach der Reinheit der Frau strebten. Sie nannten sie auch Göttin des Mondes, weil sein Licht dem Licht ihrer Sphäre ähnlich war. Anmut und Liebreiz spenden ihre Strahlungen. Die Myrte als Symbol reiner Liebe wird ihr zugeschrieben. Auch ihr Stern, die Venus, schwingt in Reinheit und Schön-

heit. In seinen Strahlungen formen sich im Bereich des Stofflichen Farben und Töne in wundervoller Schönheit.
Hermes (Merkurius), der schnelle Götterbote, richtet die Befehle und Aufträge des Zeus aus. Er geleitet, schützt und vermittelt. Seine Gewandtheit, mit der er seine Aufträge durchführt, und seine Demut im Dienen sind dabei Vorbilder wahrer Tugenden. Der griechischen Jugend wurde er in seiner körperlichen und geistigen Gewandtheit als lebendes Vorbild hingestellt.
Hestia (Vesta) wurde als Schutzgöttin des Heimes und der Familie geehrt. Das Herdfeuer ist ihr Symbol. Rein und lauter wie die Flamme ist auch das Wesen dieser Göttin. Kolonisten, die zur Gründung einer Ansiedlung ihre Heimat verließen, nahmen von dem Altar der Hestia, auf dem ein ewiges Feuer brannte, Feuer mit als Sinnbild der geistigen Verbindung zwischen der Heimat und der neuen Kolonie. Dem reinen Wesen dieser Göttin entsprechend durften nur keusche Jungfrauen in ihrem Tempel den Dienst versehen.

Bemerkenswert ist, was vor über 2000 Jahren über die Götter gedacht wurde, also zu einer Zeit, in welcher der Glaube daran noch nicht erloschen war.

Cicero (106–43 v. Chr.), einer der bedeutendsten Redner und Schriftsteller des alten Rom, hinterließ ein fast ganz erhalten gebliebenes Werk »Vom Wesen der Götter« (Wilhelm Goldmann, München, »Die gelben Taschenbücher«/877), in dem in der Form eines Dialoges von Vertretern griechischer Philosophieschulen über die Götter gesprochen wird. Einige Sätze seien hier wiedergegeben:

»... Es gibt aber auch noch andere Philosophen, und zwar bedeutende und berühmte, die es für wahr halten, daß die ganze Welt durch göttliche Einsicht und Vernunft in Ordnung gehalten und regiert wird. Daneben sorgen – wie sie glauben – die Götter aber noch beratend und helfend für das Leben der Menschen.

Früchte und andere Erzeugnisse des Erdbodens, Wechsel der Witterung, der Jahreszeiten und des Sternenhimmels, durch die alles zum

Wachsen und Reifen gebracht wird, was die Erde hervorbringt, sind nach ihrer Meinung Geschenke der unsterblichen Götter für die Menschheit.« –

»Da dieser Gottesglaube nämlich nicht durch Anleitung, alte Gewohnheit oder Gesetz entstanden ist, und die ausnahmslose Übereinstimmung aller fest verankert ist, so muß notwendigerweise auch die feste Überzeugung vorhanden sein, daß es Götter gibt, weil wir ja eine eingepflanzte oder, besser gesagt, eine angeborene Vorstellung von ihnen haben. Alles, was in der natürlichen Veranlagung aller Menschen übereinstimmt, das wird ja wohl auch wahr sein. Demnach muß man die Existenz der Götter zugeben. Da dieser Satz nicht nur bei allen Philosophen fast ausnahmslos uneingeschränkte Anerkennung findet, sondern auch bei Ungebildeten, so müssen wir doch wohl auch zugeben, daß die Vorauserfassung von den Göttern, wie ich es vorher nannte, in uns liegt; oder soll ich es Vorauswissen nennen?« –

So sind die oft geschmähten und verleugneten

»Götter und Göttinnen« in Wirklichkeit die besten Helfer der Menschen. Ihre Strahlungen wecken, fördern und stärken auch die Tugenden, die der Mensch notwendig braucht, um wieder eines wahren Menschentumes würdig zu sein. –

Über allen Tugenden steht die Tugend der göttlichen Reinheit, die sich im Menschengeistigen als echte Treue äußert. Nur in ihrem Strahl können die anderen Tugenden sich entfalten.

Die Pflege der weiblichen Tugenden, an erster Stelle die Treue, ist für die Frau der beste Schutz gegen Vermännlichung, wie auch beim Manne die Pflege der männlichen Tugenden ein Absinken in das Schwächliche und Weichliche verhindert. Ganz richtig sagte Schiller: »Und die Tugend, sie ist kein leerer Schall, der Mensch kann sie üben im Leben«. Das heißt, er muß sie sich durch dauerndes Streben nach dem Schönen, Edlen und Reinen erwerben. Dann vermag er selbst in seiner Menschenart eine Idealgestalt zu werden.

Welche Tugenden der Mensch wählt, bleibt

ihm allein überlassen. Seien es nun die allgemeinen Tugenden, die für die Weiblichkeit und Männlichkeit in gleicher Weise gelten, wie z. B. Demut, Bescheidenheit und Barmherzigkeit, oder die für beide Geschlechter besonderen Tugenden: Anmut bzw. Mut, Heldentum, Gewandtheit u. a.

Wie es bei einem edlen Saitenspiel dem Spieler freigestellt ist, welche Töne er anschlägt, so vermag der Geist des Menschen jeweils besondere Schwingungen hervorzurufen, die von reiner Sehnsucht getragen in das All hinausziehen. Dort finden sie Anschluß an gleichartiges Schwingen, das stärkend und anregend, belebend und beglückend wirkt und allmählich nach dem Vorbild der himmlischen Tugenden das gleiche menschliche Vorbild auf Erden erstehen läßt.

Wie umfassend der Begriff einer Tugend ist und wie vielfältig sie sich im Erdenleben auswirkt, soll an wenigen Beispielen gezeigt werden.

Einfachheit und Klarheit im Empfinden und Denken führen sicher zur Tugend der Demut, die mit dem Dienen zusammenhängt, das aber mit einer niedrigen, unterwürfigen Gesinnung nicht das geringste zu tun hat. Dienen heißt »sich aufgeben«, wozu ein Zurückziehen in die Einsamkeit oder Abgeschlossenheit nicht notwendig ist.

Der Mensch gibt manches Äußere auf, seinen Beruf, seine Stellung, seine Wohnung und nimmt dafür etwas neues, etwas anderes. Er ist aber auch fähig, sich selbst aufzugeben, das heißt nichts anderes als sein Tun und Denken in den Willen Gottes zu stellen, das eigene Wollen dem höheren Gotteswillen anzugleichen, ohne Forderungen und ohne Selbstüberhebung. Damit gibt er sich selbst auf. Nichts anderes bedeuten auch die Worte, die einst Apollon den Menschen gab: »Gib dich selbst auf!«

Den Willen des Schöpfers kann der Mensch gut beachten, denn er hat die Zehn Gebote, die Gottesbotschaften, und er lebt inmitten des Werkes, das der Schöpfer geschaffen hat. Allein schon daraus vermag er alles zu lesen, was in den Schöpfungsgesetzen enthalten ist.

Diese Gesetze gestalten und lenken das ganze Geschehen in der Schöpfung; ein willkürliches Abweichen davon ist unmöglich, weil es der göttlichen Vollkommenheit widerspricht.
So nähert sich der Mensch immer mehr dem Bewußtsein eigener Kleinheit vor der Macht und Größe seines Schöpfers. Er erlebt sich als winziges Teilchen in der großen, gewaltigen Schöpfung, die von Gott abhängig ist. Ist er doch nur ein entwickelter Geist, der nichts Göttliches in sich trägt und der allein durch die Gnade Gottes bestehen kann.
Hat er so den Mut zum wahren Dienen gefunden unter Wahrung seiner vollen Persönlichkeit, öffnet sich ihm das Tor zur Demut, und mit der Demut zieht eine weitere Tugend in seine Seele ein: die Bescheidenheit.
Der Bescheidene greift nie in Vermessenheit über sich selbst hinaus und nimmt immer nur in rechtem Maße von dem, was ihm die Schöpfung bietet.
In der heutigen Zeit der Gottferne fällt es den Menschen besonders schwer, die Tugend der Demut in sich zu wecken, weil schließlich

dazu auch die Gotterkenntnis gehört, das Ahnen göttlicher Größe und Macht.

Die Tugend der Barmherzigkeit betrifft besonders das Verhältnis der Menschen zueinander. Schon lange hat der Mensch auch für sie einen Ersatz gefunden: das Mitleid als Produkt des an das Irdische gebundenen Verstandes, geboren aus Eitelkeit und Eigenliebe oder irdischer Berechnung. An erster Stelle stehen meistens der eigene Nutzen und Vorteil; der Grund, anderen wirklich zu helfen, fehlt fast immer.

Anders ist dagegen die Barmherzigkeit in ihrer Geistesgröße. Sie entsteht aus dem reinen geistigen Empfinden des Menschen, aus der Herzensgüte und nicht aus selbstsüchtigem Streben, wie es beim Mitleid der Fall ist. Sie hilft um des Helfens willen und denkt nicht an persönliche Vorteile, weil ihr Ziel geistiger Art ist. Deshalb beachtet sie auch das Gesetz des Ausgleiches vom Geben und Nehmen. Das Geben, das aus Berechnung oder Eitelkeit erfolgt, verstößt genauso gegen dieses Gesetz wie das Nehmen, das seinen Ursprung in selbstverständlicher Erwartung, in einem Verlangen

und Fordern oder in einem »Recht auf Hilfe« hat.
Aber noch etwas ist der Barmherzigkeit zu eigen: die gerechte Strenge, die nur den geistigen Nutzen des anderen sieht, wozu auch das irdische und geistige Sichregen gehört, während das auf Mitleid wartende Sichhelfenlassen viel angenehmer und bequemer ist, aber auch die geistige Trägheit fördert.
Wie wichtig das Sichregen ist, zeigt ein chinesisches Sprichwort: »Schenke einem Menschen einen Fisch, so hat er Nahrung für einen Tag. Lehre einen Menschen Fische fangen, so hat er Nahrung sein Leben lang.«
Diese einfachen Worte treffen genau den Kern einer echten Hilfe, die den Menschen wirklich nützlich ist. Sie könnten sogar als echte Grundlage für die heute oft gebotene Entwicklungshilfe für die Völker genommen werden. Wie viel wird hier nur aus Geltungsbedürfnis für Äußerlichkeiten, für ein bequemes Leben, für den Augenblick gegeben. Wie wenig aber wird getan, die natürliche Selbsthilfe, das innere und äußere Sichregen zu wecken, an-

zuspornen und zu fördern, das dann erst den Segen bringt!
Deshalb hat das Mitleid verderbliche Folgen, durch die die Harmonie der gegenseitigen Beziehungen der Menschen schon seit langem schwer gestört wird, weil sowohl der Gebende wie auch der Nehmende dabei falsch handeln und nur nach irdischen Vorteilen heischen.
Die Barmherzigkeit hingegen schwingt in den Gesetzen der Schöpfung und vermag deshalb nur Freude und Dankbarkeit auszulösen.
Es wird oft angenommen, die Dankbarkeit sei eine Tugend oder eine Pflicht. Sie ist beides nicht, sondern wie die Freude, der sie eng verbunden ist, ein Ausgleichswert, der im rechten Verhältnis zu dem Empfangenen stehen muß.
Daher ist Dankbarkeit den Menschen gegenüber begrenzt, und es ist falsch, von einer Dankespflicht zu sprechen und bei weitem mehr zu erwarten, als die Gabe wert ist.
Nur Gott gegenüber soll die Dankbarkeit unbegrenzt sein, weil der Mensch für alles, was er von ihm empfängt, nichts als Dank zu geben in der Lage ist.

Befassen wir uns zum Schluß noch kurz mit dem Fleiß, der im Leben des Menschen von besonderer Bedeutung ist, abgesehen davon, ob er nun unter die Tugenden oder unter die Vorzüge des Menschengeistes zu rechnen ist.
Auch hier ist der ursprüngliche Begriff in das Irdische herabgezogen worden. Der eine strebt mit beharrlichem Fleiß nach einem sorgenlosen und bequemen Erdenleben, der andere mit zähem Fleiß nach Macht und Ansehen, und ein Dritter verrichtet mit mühseligem Fleiß freudlos seine Alltagsarbeit.
Wer aber kennt den richtigen Begriff des geistigen Fleißes, der eng verbunden ist mit dem Gesetz der dauernden Bewegung in der Schöpfung? Jener Fleiß, der unablässig bemüht ist, mit ruhiger Sicherheit nach einem hohen, lichten Ziel zu streben, sich und die Nebenmenschen zu veredeln und dadurch geistig voranzukommen, ohne unnötige Übertreibungen, ohne Hemmungen und ohne Hast.
Im Einklang mit dem Gesetz der Bewegung entsteht dadurch ein harmonisches Geistesschwingen, das sich in der Folge auf das irdi-

sche Wirken überträgt und weder Bequemlichkeit und Trägheit noch ungesunden Übereifer aufkommen läßt. Ein solches fleißiges Streben findet seinen Ausklang in den notwendigen Zeiten der Ruhe und schöpft darin gleichzeitig wieder neuen Ansporn für neues Schaffen.

Fleiß, der im Geistigen wurzelt, erzeugt Früchte für die Ewigkeit, unvergängliche Werke, die anderen Menschen ebenfalls helfen.

Auf Erden aber entsteht mit diesem Fleiß ein frohes, segensvolles Wirken, dem Schöpfer zur Ehre und zum Dank!

So sollte es sein, wenn der Mensch den Pfad der Tugend eingehalten hätte. Doch dieser Pfad ist ein einsamer Pfad geworden. Eher macht der Mensch aus der »Not eine Tugend«, d.h. er gewinnt einer unangenehmen Sache die beste Seite ab, als daß er sich mit den Tugenden selbst befaßt.

Und doch müßte bei diesem Wort ein ferner Klang die Seele treffen, wenn sie noch einen Funken Sehnsucht in sich trägt. Ein Klang, der dunkle Schleier durchbricht, um lichte Strahlen hereinzulassen, erfrischende, belebende Strahlen aus ewigen, unversiegbaren Quellen, die dem Menschen wieder Schwungkraft zu Idealem und Reinem, zu Edlem und Schönem verleihen.

Doch in der heutigen Zeit des großen geistigen Leerlaufes, des ununterbrochenen Einstürmens schlechter Eindrücke, der inneren Zerrissenheit der Seele und des Abtötens der Eigenpersönlichkeit, ist die Menschheit diesem idealen Streben ferner denn je.

Schwer lastet es auf ihr, daß sie sich den strahlenden Hilfen aus der Höhe so ganz verschlossen hat und sich statt dessen den verlockenden Strömungen des Dunkels hingibt, aus jeder Tugend eine Untugend macht und alle Vorzüge in das Gegenteil verkehrt. So wurde Mut zur Feigheit, Wahrhaftigkeit zur Lüge, Anmut zur Eitelkeit, Demut zum Hochmut, Weisheit zum Scheinwissen und Treue zur Untreue.

Schwer und hart ist daher das Ringen um ein neues Menschenbild, deshalb so schwer, weil es ein klares und reines Bild werden soll, das diesmal für alle Zeiten gültig bleiben muß. Ohne die Tugenden kann dieses Bild nicht geprägt werden. Denn gerade sie sind es, die dem Bilde einen ewigen Glanz verleihen.

Nachwort

Diese mit dem Wissen der Gralsbotschaft »Im Lichte der Wahrheit« von Abd-ru-shin gegebenen Erklärungen sollen zum Nachdenken anregen.

Eine neue Zeit zieht herauf mit gewaltigen Umwälzungen und Veränderungen, vorgesehen nach den Gesetzen der Schöpfung, verheißen von Jesus und den Propheten und kundgetan in der Offenbarung des Johannes.
Diese Zeit bringt neue Erkenntnisse, nicht nur im Irdischen, sondern auch auf geistigem Gebiet. Viele Zeichen gibt es, diese einmalige Weltenwende zu erkennen.
Sie leitet eine neue Epoche auf der Erde ein, in welcher nicht mehr der Mensch, sondern allein der Heilige Geist, der gerechte Gotteswille herrschen wird!